Boris Groys
Gesamtkunstwerk Stalin

Die gespaltene Kultur in der Sowjetunion

Aus dem Russischen von
Gabriele Leupold

W0069954

Carl Hanser Verlag

ISBN 3-446-15321-7
© 1988 Carl Hanser Verlag München Wien
Umschlag: Klaus Detjen Hamburg unter Verwendung
des Bildes »Die Konferenz von Jalta« von Komar & Melamid
Satz: FoCoTex Klaus Nowak Berg
Druck und Bindung: Ludwig Auer GmbH, Donauwörth
Printed in Germany

Nach dem Tod Stalins im Jahr 1953 wurde offenbar, daß die von ihm gewalttätig beherrschte Epoche eine Kette furchtbarer Verbrechen war, die das Land demoralisiert hatten, und obendrein die Herrschaft von Unwissenheit und Vorurteilen, die die russische Kultur um Jahrzehnte zurückgeworfen haben. Dabei war die Macht, die sich in Rußland mit der Oktoberrevolution durchgesetzt hatte, mit dem Ziel angetreten, die Welt nicht nur gerechter und menschenwürdiger zu machen, sondern auch als beliebig formbaren Rohstoff in ein gigantisches, schönes Kunstwerk zu verwandeln. Von der wegen ihrer Kühnheit und Radikalität gerühmten russischen Avantgarde bis zum Sozialistischen Realismus wirkte ein Impuls: der despotische Wahn, befreit von jeder kulturellen Tradition und ohne Vergangenheit die Welt neu zu schaffen, Leben und Kunst, Wahrheit und Schönheit in einer nie zuvor erfahrenen Einheit zu verbinden – mit Stalin als dem obersten Künstler-Demiurgen.

Das Gesamtkunstwerk Stalin ist zerfallen. Boris Groys hat in seinem Essay das Scheitern dieses in der Weltgeschichte einmaligen Experiments geschildert und aus dessen Prinzipien zum ersten Mal die Gesetze und Perspektiven gewonnen, die es heute erlauben, die gegenwärtige sowjetische Kultur als Ergebnis dieser katastrophalen Entwicklung zu erkennen: als den vielstimmigen, widersprüchlichen, spannungsreichen Versuch, mit dem Gewalterbe der Stalinkultur fertig zu werden.

Boris Groys, geboren 1947, war nach dem Studium der Mathematik und Philosophie an der Universität Leningrad von 1965 bis 1971 Wissenschaftlicher Mitarbeiter am Institut für strukturale Linguistik der Universität Moskau. Nach einer kurzen Zeit der Haft wegen der Herausgabe verschiedener literarisch-kunsttheoretischer Samizdat-Zeitschriften emigrierte er 1981 in die Bundesrepublik, wo er heute als Schriftsteller, Publizist und als Dozent für Russische Geistesgeschichte am Philosophischen Institut der Universität Münster tätig ist.

Inhalt

Einführung:
Die Kultur der Stalinzeit
7

1
Die russische Avantgarde:
Der Sprung über den Fortschritt
19

2
Stalins Lebens-Kunst
39

3
Die postutopische Kunst:
Vom Mythos zur Mythologie
83

4
Die Designer des Unbewußten
124

Anmerkungen
132

Einführung:
Die Kultur der Stalinzeit

Die Welt, wie sie die Macht, die sich in Rußland mit der Oktoberrevolution durchgesetzt hatte, zu schaffen versprach, sollte nicht
nur gerechter werden oder den Menschen eine größere ökonomische Sicherheit bieten, sie sollte auch, und das war vielleicht noch
wichtiger, schön werden; die Unordnung und das Chaos früherer
Zeiten sollten einem harmonischen, künstlerisch durchorgani-
sierten Leben weichen. Die totale Unterordnung des gesamten
ökonomischen, sozialen und schlicht alltäglichen Lebens unter
eine einzige Planungsinstanz, die antrat, um selbst die kleinsten
Details zu regeln, zu harmonisieren und zu einem Ganzen zu verschmelzen, machte diese Instanz – die Parteiführung – zu einer
Art Künstler, dem die ganze Welt als Material dient und dessen
Ziel es ist, den »Widerstand des Materials zu brechen«, es sich
gefügig zu machen und ihm jede gewünschte Form zu geben.

Am Anfang seiner *Abhandlung über die Methode* bedauert
Descartes, daß er der Schwäche seiner Kräfte wegen nicht
imstande sei, das Leben eines ganzen Landes oder auch nur einer
einzigen Stadt rational zu organisieren, und daß er darum
zunächst nur die eigenen Gedanken ordnen könne.[1] Die marxistische Lehre vom Überbau schließt bekanntlich die Möglichkeit
aus, den Zustand des eigenen Denkens zu ändern ohne eine
gleichzeitige Veränderung der gesellschaftlichen Basis, das heißt
ohne Veränderung des Organisationstyps der Gesellschaft, in der
der Denkende lebt. Der Mensch, sein Denken und seine ganze
»innere Welt« sind für den Marxisten-Revolutionär nur Teil der
Materie, die einer Ordnung harrt: Neues rationales Denken kann
nur aus einer neuen rationalen Ordnung des Lebens selbst entstehen. Im Akt der Schaffung einer neuen Welt steckt folglich etwas
Irrationales, etwas rein Künstlerisches: Der Schöpfer der neuen
Welt kann nicht die volle Rationalität seines Projekts behaupten,
da er doch selbst von einer noch nicht harmonisierten Wirklichkeit geformt wurde. Die Praxis des Künstler-Herrschers ist im
Grunde nur durch ein Wissen zu rechtfertigen, das ihn von der
Menge der gewöhnlichen Sterblichen unterscheidet, das Wissen,

daß die Welt formbar ist und darum alles, was die gewöhnlichen Menschen für stabil und unvergänglich halten, in Wirklichkeit relativ und veränderlich ist. Die totale Macht schützt den Schöpfer des neuen Lebens vor jeglicher möglichen Kritik: Der Kritisierende hat ja nur einen bestimmten Platz in der Gesellschaft inne, und dies nimmt ihm die Möglichkeit eines Blicks auf das Ganze, den nur die Macht erlaubt; darum kann seine Kritik nur durch solche Elemente in seinem Denken hervorgerufen sein, die sich noch unter der alten Gesellschaftsordnung gebildet haben, oder durch eine Einseitigkeit des Blicks, der das künstlerische Ganze der neuen Welt nicht zu erfassen vermag.

Die Neuorganisation der Welt nach ästhetischen Prinzipien ist im Westen mehrfach vorgeschlagen und sogar erprobt worden, zum erstenmal wirklich gelungen ist sie jedoch in Rußland. Im Westen folgte auf jede Revolution eine Konterrevolution, und die Sache endete immer mit der Errichtung einer Ordnung, die, wenn sie auch einige Elemente des Neuen enthielt, unmittelbar an die alte anschloß. Keine Revolution konnte im Westen so radikal sein wie im Osten, denn die westliche revolutionäre Ideologie fühlte zu stark ihre Herkunft aus der Tradition, stützte sich zu sehr auf frühere intellektuelle, soziale, politische, technische und sonstige Arbeit, hing viel zu sehr an den Umständen, unter denen sie entstand und sich erstmals aktualisierte. Daher war nicht eine einzige Revolution im Westen imstande, die Vergangenheit so rücksichtslos zu vernichten, wie es die Russische Revolution tat. Die russische revolutionäre Ideologie war aus dem Westen importiert, sie hatte keine eigenen Wurzeln in Rußland. Die russische Tradition aber verband man mit Rückständigkeit und erniedrigender Minderwertigkeit den entwickelteren Ländern gegenüber, und darum stieß sie beim größten Teil der Intelligenz und, wie sich im Verlauf der Revolution zeigte, auch im Volk auf Ablehnung und Abneigung.

Schon die Reformen Peters des Großen vom Anfang des 18. Jahrhunderts haben die Bereitschaft der russischen Bevölkerung gezeigt, sich westlichen Neuheiten zuliebe relativ leicht von der Vergangenheit und selbst von scheinbar tief verwurzelten Traditionen zu lösen, wenn diese Ablösung einen schnellen Fortschritt des Landes versprach. Die rein ästhetische Abneigung gegenüber der eigenen als rückständig und minderwertig eingeschätzten Vergangenheit machte das Rußland des 19. Jahrhunderts extrem empfänglich für die neuen künstlerischen Formen und dazu bereit, sie schneller zu assimilieren als der Westen selbst, weil die Intelligenz auf diese Weise in der Lage war, ihren Minderwertigkeitskomplex zu kompensieren und ihrerseits den Westen als kulturell rückständig zu betrachten. Aus rationalistisch marxistischer Sicht hat man die Russische Revolution oft als ein Paradox erklärt, da sie in einem technisch und kulturell rückständigen Land erfolgt war. Doch war Rußland weit mehr als der Westen ästhetisch auf die Revolution eingestellt, das heißt, man war dort weit eher bereit, sein ganzes Leben in neue, unbekannte Formen zu überführen und sich einem künstlerischen Experiment von nie zuvor dagewesenem Ausmaß zu unterziehen.

Die ersten Entwürfe dieses Experiments, von Praktikern und Theoretikern der russischen Avantgarde geschaffen, wurden nie realisiert, doch dafür gingen sie direkt in die Kunstgeschichte ein und ernteten überall und verdientermaßen Bewunderung für ihre kühne Radikalität. Allerdings ist die russische Avantgarde bis heute sehr wenig erforscht; viele ihrer Werke wurden seit dem Beginn der dreißiger Jahre vernichtet oder dem Verfall preisgegeben und sind selbst heute, ungeachtet aller Liberalisierungen, in der Sowjetunion sowohl für das allgemeine Publikum als auch für Spezialisten schwer zugänglich; vor allem dank der Bemühungen westlicher Forscher jedoch wurde die russische Avantgarde, besonders in den letzten Jahren, allgemein anerkanntes Objekt des Interesses. Anders verläuft bisher das Schicksal des Sozialistischen Realismus, also der Kunst der Stalinzeit, die die Avantgarde in den dreißiger Jahren ablöste. Die Losung des Sozialistischen Realismus wird von der – inner- wie außersowjetischen – unabhängigen Geschichtsschreibung für gewöhnlich ausschließlich als Schreckensherrschaft der Zensur dargestellt, die dazu diente, die »wirkliche Kunst« und ihre Schöpfer zu verfolgen und zu vernichten. Die Stalinzeit wird in dieser Perspektive zu einem reinen Schauspiel des Märtyrertums, zu einer Geschichte der Verfolgungen, was sie zweifellos unter anderem auch war. Die Frage ist nur, in wessen Namen verfolgt und welche Art von Kunst warum kanonisiert wurde. Wie sonderbar es auf den ersten Blick auch scheinen mag, diese Fragen sind um vieles schwerer zu beantworten als im Falle der klassischen russischen Avantgarde.

Zunächst einmal: Die Kunst der Stalinzeit ist heute in der Sowjetunion offiziell nicht weniger tabuisiert als die der Avantgarde. Die Zeitungen, Bücher und Illustrierten jener Zeit liegen zum größten Teil in der Allgemeinheit nicht zugänglichen »Spezialarchiven«, die Bilder hängen neben denen der Avantgarde in ebenfalls für Besucher unzugänglichen Magazinen der Museen und sind oftmals später von den Künstlern selbst übermalt worden, um die Figuren Stalins und anderer kompromittierter Politiker jener Zeit zu tilgen; viele Skulpturen, Fresken, Mosaike und Bauten wurden im Zuge der »Entstalinisierung« einfach vernichtet. Im Vergleich mit der Situation der Avantgarde kompliziert sich die Lage noch dadurch, daß die Doktrin des Sozialistischen Realismus offiziell noch heute in all ihren zur Stalinzeit entstandenen Formulierungen für die gesamte sowjetische Kunst verpflichtend ist. Allerdings werden die alten Formeln heute »liberaler« ausgelegt, so daß sich einiges an künstlerischen Phänomenen in ihnen unterbringen läßt, was sie zur Stalinzeit ausgeschlossen hätten. Die neuen Auslegungen werden jedoch von der sowjetischen Kritik nicht als solche gewertet; man tut so, als hätten sie von Anfang an zum Sozialistischen Realismus gehört; der Sozialistische Realismus der Stalinzeit aber gilt als »entstellt« – daß er aber in eben jenen Jahren entstanden ist, wird dabei nicht erwähnt. So erfährt seine Entstehungs- und Entwicklungsgeschichte eine bis zur Unkenntlichkeit verzerrende Darstellung, ihre Interpretation wird immer den gerade aktuellen, tagespolitischen Bedürfnissen angepaßt. Zudem kann die Fülle an offizieller Literatur zur Theorie des Sozialistischen Realismus den Eindruck erwecken, es sei nun genug über ihn gesagt, obwohl diese Literatur in Wirklichkeit nicht eine Analyse seiner Mechanismen, sondern deren direkte Manifestation ist. Die sowjetische ästhetische Theorie ist – und ähnliches gilt auch für andere künstlerische Strömungen des 20. Jahrhunderts – integraler Bestandteil des Sozialistischen Realismus, nicht dessen Beschreibung auf der Ebene kritischer Analyse.

Doch über all diese Erschwernisse hinaus lähmt eine Frage, die sich im übrigen auch in bezug auf andere künstlerische Strömungen der dreißiger und vierziger Jahre, etwa der Kunst Nazi-

Deutschlands stellt, das Interesse an der Theorie und der Praxis des Sozialistischen Realismus, nämlich: Haben wir es hier wirklich mit Kunst zu tun? Ist es nicht geradezu moralisch verwerflich, andere Kunstrichtungen unserer Zeit in einem Atemzug mit Strömungen zu nennen, die sich repressiven Regimen zur Verfügung stellten und ihre Hegemonie auf dem Weg der physischen Vernichtung ihrer Gegner erlangten?

Diese Fragen entstehen zweifellos aus jener etwas naiven und blauäugigen Einstellung zur Kunst, die sich allmählich in der Kunstwissenschaft des 20. Jahrhunderts durchgesetzt hat, aus der Gewohnheit nämlich, die Kunst als eine von jeglicher Macht unabhängige, als eine die Autonomie des Individuums und seine damit verbundenen Tugenden bestätigende Tätigkeit zu betrachten. Dabei diente die heute hochgeschätzte Kunst früherer Zeiten nicht selten dem Schmuck und dem Ruhm der Macht. Noch wichtiger ist allerdings, daß die anfängliche Ablehnung der Avantgardekunst, die deren Urheber zu Außenseitern machte, beileibe nicht bedeutet, diese hätten eine solche Position bewußt angestrebt, sie hätten keinen »Willen zur Macht« besessen. Ganz im Gegenteil, wer ihre Texte und ihre Praxis aufmerksam verfolgt, stellt fest: Gerade in der Kunst der Avantgarde zeigt der künstlerische Wille zur Beherrschung des Materials und zu seiner Organisation gemäß vom Künstler diktierter Gesetze eine unmittelbare Verbindung zum Willen zur Macht, was auch zum Konflikt zwischen Künstler und Gesellschaft führte. Die Anerkennung des avantgardistischen Künstlers durch die Kunstgeschichte, die Aufnahme seiner Arbeiten in die Museen bedeuten nicht seinen Sieg; sie sind eher ein Zeichen seiner Niederlage in diesem Konflikt und zugleich eine Entschädigung dafür seitens des Siegers, das heißt der Gesellschaft; diese Entschädigung besiegelt die Niederlage vollends. Ein wirklicher, diesseitiger Sieg des Künstlers, wenn auch im Verein mit der staatlichen Macht, wird selbstverständlich mit Unmut empfunden: Die Gesellschaft versucht, ihn aus dem Pantheon ihrer Helden auszuschließen. So hat ausgerechnet die Kunst des Sozialistischen Realismus (und ebenso etwa die Nazi-Kunst) eine Stellung erreicht, die die Avantgarde von Anfang an anstrebte – jenseits des Museums, jenseits der Kunstgeschichte, als das absolut Andere in bezug auf jede beliebige sozial akzeptierte kulturelle Norm. Als eine solche absolute

Alternative bewahrt diese Kunst ihre Virulenz, und darum muß sie, wie auch die Avantgarde, in ihren historischen Kontext gestellt werden; die Logik der heutigen postmodernen Kultur erkennt der Kunst ein Recht auf Virulenz nicht mehr zu. Das Bemühen um die Betrachtung im historischen Kontext bedeutet natürlich nicht die Vergebung aller Sünden des Sozialistischen Realismus, sondern nur, umgekehrt, die notwendige Reflexion der unterstellten absoluten Unschuld der Avantgarde, die dieser Kultur zum Opfer fiel, und allgemeiner: die Reflexion der modernen künstlerischen Intention als solcher, für die die Avantgarde des 20. Jahrhunderts nur eine der markantesten historischen Manifestationen ist.

Eine zusätzliche Stütze hat der Mythos von der Unschuld der Avantgarde in der recht verbreiteten Meinung, die totalitäre Kunst der dreißiger und vierziger Jahre sei nur die einfache Rückkehr in die Vergangenheit, die rein regressive Reaktion auf die neue, den Massen unverständliche Kunst gewesen. Nach dieser Theorie spiegelt das Aufkommen des Sozialistischen Realismus den Herrschaftsantritt dieser Massen, nachdem die Schicht der europäisch gebildeten intellektuellen Elite durch den Terror der Bürgerkriegszeit, durch Emigration und Verfolgungen in den zwanziger und dreißiger Jahren fast vollständig verschwunden war. Der Sozialistische Realismus erscheint in dieser Interpretation schlicht als Spiegel des traditionalistischen Massengeschmacks, was die damals verbreitete Losung »von den Klassikern lernen« scheinbar bestätigt. Die offenkundigen Unterschiede zwischen den Werken des Sozialistischen Realismus und ihren klassischen Vorbildern bewirken, daß man dabei von einer mißlungenen Rückkehr spricht oder schlicht von Kitsch, vom »Rückfall in die Barbarei«, so daß die Kunst des Sozialistischen Realismus stillschweigend in den Bereich der »Nicht-Kunst« abgeschoben wird.

Nein: Die dreißiger und vierziger Jahre in der Sowjetunion waren alles mögliche, nur nicht eine Zeit der freien und unbehinderten Bekundung des tatsächlichen Geschmacks der Massen, die zweifellos auch damals die Kinokomödien Hollywoods, den Jazz und die Romane vom »süßen Leben« liebten und nicht den Sozialistischen Realismus mit seinem pädagogischen Auftrag; er wirkte eher abschreckend in seinem schulmeisterlichen Ton und dem völligen Mangel an Unterhaltungswert und Bezug zum realen Leben, worin er insgesamt dem *Schwarzen Quadrat* von Malewitsch an Radikalität nicht nachstand. Wenn Millionen von sowjetischen Arbeitern und Bauern in jenen Jahren die Gesetze der Marxschen Dialektik wie das vom »Umschlagen der Quantität in Qualität« oder der »Negation der Negation« lernen konnten, so kann man als sicher annehmen, daß diese sich nicht sehr gewundert und nicht protestiert hätten, wenn man ihnen zusätzlich aufgegeben hätte, die Theorie des Suprematismus oder eben das *Schwarze Quadrat* zu studieren. Zweifellos wäre jeder beliebige Satz aus Stalins Mund damals mit dem gleichen Enthusiasmus aufgenommen worden, und wäre es auch phonetische »Zaum«-Poesie im Sinne Chlebnikows oder Krutschjenychs gewesen.

Den Sozialistischen Realismus haben nicht die Massen geschaffen, sondern, in ihrem Namen, hochgebildete und versierte Eliten, die durch die Erfahrung der Avantgarde gegangen und über die immanente Entwicklungslogik dieser Methode zum Sozialistischen Realismus gekommen waren, der mit dem tatsächlichen Geschmack und den tatsächlichen Bedürfnissen der Massen nichts zu tun hatte.

Die grundlegenden Formulierungen der Methode des Sozialistischen Realismus wurden in äußerst komplex und auf hohem intellektuellem Niveau geführten Diskussionen entwickelt; eine mißlungene oder im falschen Moment gebrauchte Formulierung bezahlten Diskussionsteilnehmer oft mit dem Leben, was die Verantwortung für jedes gesagte Wort noch erhöhte. Dem heutigen Leser der Dokumente dieser Diskussionen fällt vor allem die relative Nähe jener damals für so unvereinbar gehaltenen Standpunkte auf; diese Nähe zwischen den Ausgangspositionen der Sieger und ihrer Opfer verpflichtet zur Vorsicht in Hinblick auf jene eindeutigen Oppositionen, die eine rein moralische Bewertung der Ereignisse nahelegt.

Die Wende zum Sozialistischen Realismus war zudem Teil einer einheitlichen Entwicklung der europäischen Avantgarde in jenen Jahren. Parallelen gibt es nicht nur in der Kunst des faschistischen Italien und des nationalsozialistischen Deutschland, sondern auch im französischen Neoklassizismus, in der Malerei des amerikanischen Regionalismus, in der traditionalistischen und politisch engagierten englischen, amerikanischen und französischen Prosa jener Zeit, in der historisierenden Architektur, im politischen und im Werbe-Plakat, im filmischen Stil Hollywoods u. a. Was den Sozialistischen Realismus von ihnen unterschied, waren vor allem die radikalen Methoden seiner Verbreitung und, dementsprechend, jene Einheit des Stils, der alle Lebensbereiche der Gesellschaft durchdrang und nirgendwo sonst, mit Ausnahme vielleicht in Deutschland, mit dieser Zielstrebigkeit durchgesetzt wurde. Die Stalinzeit realisierte tatsächlich den Traum der Avantgarde, das gesamte gesellschaftliche Leben nach einem künstlerischen Gesamtplan zu organisieren, wenn auch selbstverständlich nicht so, wie das der Avantgarde vorgeschwebt hatte.

Der nach Stalins Tod einsetzende allmähliche Verfall dieses künstlerischen Gesamtplans brachte die heutige mediokre und an sich selbst zweifelnde sowjetische Kultur hervor. Das wichtigste Anliegen dieser Kultur ist die »Wiederherstellung der historischen Kontinuität«, das heißt ein Neotraditionalismus, der sich auf die realen Erfahrungen der russischen Kultur des 19. Jahrhunderts und auf relativ traditionalistisch gesinnte Autoren des 20. Jahrhunderts wie Michail Bulgakow und Anna Achmatowa beruft. Der Bruch mit der Vergangenheit oder die utopische Orientierung gelten in dieser Atmosphäre als schicksalhafte Verirrungen, so daß sich für die Avantgarde wie für den Sozialistischen Realismus unter Rückgriff auf Dostojewskijs Roman *Die Dämonen* nur die Formel »nihilistischer Dämonismus« anbietet. Nicht ohne Grund stoßen so die Ästhetik der sowjetischen Avantgarde und die des Sozialistischen Realismus im Westen auf größeres Interesse als in der Sowjetunion: Diese Problematik ist nicht nur für offizielle Stellen, sondern auch für die unabhängige öffentliche Meinung tabu; beide ziehen es vor, Verirrungen der Vergangenheit zu vergessen und an unverheilte Wunden nicht zu rühren. Dabei wollten die Neotraditionalisten nicht wahrhaben, daß sie der Kultur und der Gesellschaft im Grunde auch nur einen neuen Kanon aufzwingen, wenn sie den wahren Geist der Vergangenheit zu besitzen glaubten, so wie die Avantgarde sich im Besitz des wahren Geistes der Zukunft sah: Moralische Entrüstung über den avantgardistischen Willen zur Macht verstellt den Neotraditionalisten den Blick auf den Umstand, daß sie selbst das Ritual der künstlerischen Beschwörung wiederholen, um die

Gesellschaft zu beherrschen und sie in neuen (in diesem Falle alten, doch, falls es sie je gegeben haben sollte, nicht mehr existenten) Formen zu organisieren.

In dieser Situation verdient das Phänomen einer sowjetischen postmodernen, jedoch nicht neotraditionalistischen, sondern eher neoavantgardistischen Kunst besonderes Interesse. Es handelt sich um eine Bewegung von bildenden Künstlern und Schriftstellern, die in den siebziger und achtziger Jahren in Moskau entstand; ihre Kunst wird manchmal »Soz-Art« genannt (eine Kombination aus »Sozialistischem Realismus« und »Pop-Art«)[2], sie steht außerhalb der offiziellen sowjetischen Kunstproduktion und zielt darauf ab, deren Strukturen zu reflektieren. Diese Soz-Art, die die Verfahren des Zitierens, des bewußten Eklektizismus, der Konfrontation verschiedener semiotischer und künstlerischer Systeme verwendet und sich am Schauspiel deren gegenseitiger Zerstörung weidet, liegt offensichtlich im Fahrwasser der verbreiteten postmodernen Ästhetik der europäischen und amerikanischen Kunst der siebziger und achtziger Jahre. Doch unterscheidet sie sich auch in einer Reihe wichtiger Aspekte von ihnen, was seine Ursache in ihren spezifischen Entstehungs- und Existenzbedingungen hat. Vor allem ist die Soz-Art nicht mit jener kommerziellen, unpersönlichen künstlerischen Produktion konfrontiert, die auf spontane Forderungen des Marktes selbst dann reagiert, wenn sie den Anspruch hat, diesen Markt zu manipulieren; sie konkurriert mit der Kunst des Sozialistischen Realismus, der nicht Waren, sondern Ideologie verkauft, und das unter Bedingungen, die ein Nicht-Kaufen dieser Ideologie ausschließen, das heißt mit einer Kunst, die sich frei und unabhängig von jeder potentiellen Nachfrage fühlt. Der Sozialistische Realismus hat den Bruch zwischen dem Elitären und dem Kitsch grundsätzlich überwunden, indem er visuellen Kitsch zum Träger elitärer Ideen machte, was viele im Westen noch heute als ideale Verbindung von »Seriosität« und »Verständlichkeit« rühmen. Die westliche Postmoderne ist die Reaktion auf die Niederlage der Moderne, die den kommerziellen, unterhaltsamen Kitsch nicht verdrängen konnte und sich so nach dem Zweiten Weltkrieg in immer stärkerem Maße in den einheitlichen Strom dieser von den Gesetzen des Marktes bestimmten Kunst integrierte. *Dieser* Umstand veranlaßte viele Künstler zur skeptischen Umwertung ihrer Werte und zur Absage an Auserwähltheit und neue Sakralität. Die totalitären Ansprüche der modernistischen Ästhetik wurden durch einen neuen Anspruch ersetzt: durch den Verzicht auf individuelles Schaffen und die Beschränkung auf das Zitat und das ironische Spiel mit fertigen Formen der kommerziellen Kultur. Diese neue Askese dient allerdings nur dazu, die Reinheit des künstlerischen Ideals zu bewahren: Wenn der Weg zu dieser Reinheit früher in der Suche nach neuen individuellen und »unverständlichen« Formen lag, so wendet sich der Künstler heute, nachdem entschieden ist, daß diese Suche vom Markt übernommen und forciert wird, im Namen derselben Reinheit und Unabhängigkeit dem Trivialen zu. Solche Umorientierung versteht sich als neue Form des Widerstands gegen den Willen der Macht, den der postmoderne Künstler an anderen wahrnimmt – an sich selbst aber übersieht.

Die sowjetische Soz-Art dagegen entstand in der Situation des vollständigen Sieges der Moderne und machte sich daher hinsichtlich der eigenen Reinheit und Unschuld keinerlei Illusionen. Sie begriff, daß der Künstler noch im Zitieren und in der Absage an Neuheit und Originalität zugunsten des »Anderen« und »Trivialen« Träger eines künstlerischen, von der Ausrichtung auf die Macht nicht zu trennenden Willens ist. Der sowjetische Künstler kann sich der Macht nicht als etwas Unpersönlichem, ihm Äußerlichen entgegenstellen, wie das der westliche Künstler in seinem Verhältnis zum Markt tut. In den sowjetischen Politikern, die die Welt oder zumindest das eigene Land nach einem künstlerischen Gesamtplan umgestalten wollen, erkennt er notwendigerweise sein Alter ego; er sieht die eigene Mittäterschaft an dem, was ihn unterdrückt und ablehnt, er sieht die gemeinsamen Wurzeln der eigenen Inspiration und der Seelenlosigkeit der Macht. Daher sträuben sich die Künstler und Schriftsteller der Soz-Art nicht, die Identität von künstlerischer Intention und Willen zur Macht, die an der Quelle ihrer künstlerischen Praxis liegt, anzuerkennen; sie machen vielmehr diese Identität zum wichtigsten Gegenstand ihrer Reflexion, die Verwandtschaften aufzeigt, wo man lieber nur den moralisch beruhigenden Kontrast sähe.

Die künstlerische Reflexion des sowjetischen Systems als eines Staatskunstwerks deckt vieles an ihm auf, was mit anderen Mitteln nicht zu zeigen wäre, doch kann sie auch selbst nur aus der

Entstehungsgeschichte dieser Staatskunst erklärt werden. Daraus ergibt sich die doppelte Zielsetzung des vorliegenden Essays: Er soll das künstlerische Projekt der Zeit vor Stalin und der Stalinzeit, nämlich den Aufbau eines neuen Lebens, und gleichzeitig das künstlerische Projekt der Gegenwart, das Projekt der Reflexion dieses Experiments als Konzeption fassen und interpretieren. Die Kultur der Stalinzeit wird so in ihrem historischen Kontext betrachtet und über ihren »Rahmen« definiert: über die ihr vorangehende Kunst der Avantgarde und die auf sie folgende postutopische Kunst, zu der auch die heutige Soz-Art zählt.

Betrachtung im historischen Kontext bedeutet hier allerdings nicht die ausführliche Beschreibung der tatsächlichen Abfolge von historischen Fakten, die gegenwärtig bei den Chronisten der Sowjetkultur auf wachsendes Interesse stoßen. Bei aller Berechtigung dieses Interesses und aller Relevanz der entsprechenden Forschungen: kulturelle Phänomene verlieren bei dieser Betrachtungsweise manchmal ihre innere logische Verknüpfung, und anstelle der inneren Evolution des künstlerischen Projekts werden Sitzungen, Resolutionen, Verordnungen und Arreste geschildert, die selbst nur Symptome dieser Evolution sind: Ihre dominierende Rolle in der Mehrzahl der historischen Beschreibungen jener Zeit offenbart, welche Faszination die Zeremonien des sowjetischen zentralisierten bürokratischen Apparats für Außenstehende haben können; in Wirklichkeit ist der Apparat nur Fassade, hinter der sich die realen gesellschaftlichen Prozesse abspielen, auch wenn er nach außen hin den Anspruch erhebt, seine Entscheidungen seien für diese Prozesse bestimmend.

Daher verstehe ich in diesem Essay unter der Betrachtung im historischen Kontext den Versuch, ein konzeptionelles Muster für das Verständnis der immanenten Evolution der Kultur der Stalinzeit zu entwickeln und darin auch ihre kulturellen Grenzen mitzureflektieren, da sich an ihnen Voraussetzungen und Probleme der Kultur der Stalinzeit am deutlichsten zeigen. Es geht, mit anderen Worten, um eine Art kultureller Archäologie, die allerdings im Unterschied zur Archäologie Foucaults nicht nur die einander ablösenden Paradigmen, sondern auch den Mechanismus ihrer Ablösung beschreiben will. Eine solche Herangehensweise führt zwangsläufig zu gewissen Vereinfachungen und Verallgemeinerungen und wäre unverzeihlich, wenn nicht die

Hoffnung bestünde, daß sie nicht nur bekannte Fakten interpretiert und klärt, sondern vor allem das Gesamtbild der Epoche um Dinge bereichert, die bislang bei der üblichen beschreibenden Analyse unter den Tisch fielen; insofern werde ich die Fakten nicht nur nicht vernachlässigen, sondern ihre Zahl sogar vergrößern. Bei der Beschäftigung mit der Zeit der Avantgarde und des Sozialistischen Realismus werde ich den Blick weniger auf die schon relativ bekannte künstlerische Produktion als auf die Selbstaussagen der Künstler richten; umgekehrt werde ich für die Gegenwart die postutopische künstlerische Praxis selbst ausführlicher vorstellen.

Die Auswahl der Beispiele mag relativ subjektiv erscheinen, obwohl ich mich weniger vom persönlichen Geschmack leiten ließ als von dem Wunsch, jene Prozesse in der zeitgenössischen russischen Kultur, die hinsichtlich der gewählten Problematik am bedeutsamsten erscheinen, objektiv darzustellen. Dabei werde ich nicht streng unterscheiden, ob ein Autor gegenwärtig in der Sowjetunion oder im Ausland arbeitet; unter den heutigen Bedingungen und für den hier vorgestellten Kreis von Autoren ist dieser Unterschied von geringer Bedeutung.

1
Die russische Avantgarde:
Der Sprung über den Fortschritt

Die Kunst der klassischen Avantgarde – so auch der russischen –
ist natürlich viel zu komplex, als daß sie sich vollständig in eine
einzige Formel fassen ließe; trotzdem kann man wohl ohne unzulässige Vereinfachung behaupten, ihr grundsätzliches Pathos
liege in der Forderung, von der Darstellung der Welt zu ihrer
Umgestaltung fortzuschreiten. Die jahrhundertelange Bereitschaft der europäischen Künstler, die äußere Wirklichkeit liebevoll zu kopieren – ihr Streben nach einer immer perfekteren
Mimesis –, basierte auf der Begeisterung für die Natur als einheitlicher und in sich geschlossener Schöpfung Gottes, die der Künstler nur kopieren muß, wenn er die eigene künstlerische Begabung der göttlichen so weit wie möglich annähern will. Im Laufe
des europäischen 19. Jahrhunderts führte das forcierte Eindringen der Technik und der dadurch hervorgerufene Zerfall des
gewohnten ganzheitlichen Weltbildes allmählich zum Erlebnis
vom Tod Gottes oder, genauer, von seiner Ermordung durch die
neue technisierte Menschheit. Mit dem Verlust der Einheit der
Welt, wie sie durch den schöpferischen Willen Gottes garantiert
war, öffnete sich der Horizont der irdischen Existenz, und hinter
der Vielfalt der sichtbaren Formen dieser Welt tat sich das
schwarze Chaos auf – die Unendlichkeit möglicher Formen kosmischen Lebens, in der sich alles Gegebene, Realisierte und
Ererbte jederzeit restlos auflösen konnte.

Zumindest für die russische Avantgarde kann man mit Sicherheit behaupten, daß ihre gesamte künstlerische Praxis Reaktion
auf dieses bedeutsame Ereignis der neuzeitlichen europäischen
Geschichte ist. Ihr Motiv war keineswegs, wie das oft angenommen wird, die Begeisterung für den technischen Fortschritt oder
blindes Vertrauen in ihn. Die Avantgarde war von Beginn an
nicht aggressiv, sondern defensiv. Ihr Ziel war vor allem, die zerstörerische Wirkung der neuen Technik zu kompensieren, zu
neutralisieren, keineswegs wollte sie selbst zerstören. Sie folgte
nicht nihilistischen, zersetzenden Impulsen, die aus einer unver-

ständlichen Feindschaft gegenüber allem »Heiligen«, »Teuren« kommen, wie das seinerzeit die avantgarde-feindlich eingestellte Kritik unterstellte und noch heute selbst viele Sympathisanten der Avantgarde tun, wenn sie glauben, sie für ihren »Dämonismus« loben zu müssen.

Der Unterschied zwischen der Avantgarde und dem Traditionalismus liegt nicht in der Freude der ersteren über die verheerende Wirkung des modernen technischen Rationalismus, sondern in ihrer Überzeugung von der Unmöglichkeit, diesen Zerstörungen mit traditionellen Methoden zu begegnen. Wenn die Avantgarde der Maxime Nietzsches folgt, »das Fallende zu stoßen«, so nur aus der festen Überzeugung von der Unmöglichkeit, es vor dem Absturz zu bewahren. Die Avantgarde akzeptierte die Zerstörung der Welt als eines Werks der göttlichen Kunst, sie nahm sie als vollendete und unabänderliche Tatsache, die es galt, so radikal wie möglich und in all ihren Folgen zu begreifen, um in der Lage zu sein, den erlittenen Verlust zu kompensieren.

Die weiße Menschheit

Ein gutes Beispiel für diese Strategie der Avantgarde ist die künstlerische Praxis von Kasimir Malewitsch, der in seiner Schrift *Über die neuen Systeme in der Malerei* (1919) schreibt: »Alle schöpferische Kraft, sei es der Natur, des Künstlers oder auch eines beliebigen schöpferischen Menschen, liegt in der Erfindung einer Methode zur Überwindung unseres unendlichen Fortschritts.«[3] So äußert sich der Avantgardismus von Malewitsch also keineswegs in dem Wunsch, zur Avantgarde des Fortschritts zu gehören; der Fortschritt führt für ihn ins Nichts und ist daher vollkommen sinnlos. Die einzige Möglichkeit, ihn aufzuhalten, liegt für Malewitsch darin, ihn zu überholen, ihm vorauszueilen und aus dieser Position heraus einen Stützpunkt zu finden oder eine Verteidigungslinie, die gegen den herannahenden Fortschritt zu behaupten ist. Der Prozeß der Zerstörung und der Reduktion muß bis zu Ende geführt werden, um das Irreduzible, außerhalb von Raum, Zeit und Geschichte Stehende zu finden, an dem man festhalten könnte.

Dieses Irreduzible war für Malewitsch das *Schwarze Quadrat*, das zum lange Zeit bekanntesten Symbol der russischen Avantgarde wurde. Das *Schwarze Quadrat* ist gewissermaßen ein transzendentes Bild – das Resultat der Reduktion jedes beliebigen konkreten Bildinhalts, ein Zeichen für die reine Form der Anschauung durch ein transzendentes, nicht-empirisches Subjekt. Gegenstand dieser Anschauung ist für Malewitsch das absolute Nichts (dem aus seiner Sicht auch jeder Fortschritt zustrebt), das Nichts, das mit der kosmischen Urmaterie zusammenfällt oder, anders gesagt, mit der sich jenseits einer beliebigen gegebenen Form öffnenden reinen Potentialität jeglicher möglichen Existenz. Seine suprematistischen Bilder, Resultate der Zerlegung jener ursprünglichen Form des *Schwarzen Quadrats* nach rein logischen, nicht-irdischen Gesetzen, beschreiben für den Künstler die »ungegenständliche Welt«, die auf einer anderen Ebene angesiedelt ist als die Welt der sinnlich wahrnehmbaren Formen. Grundlage dieser Ästhetik ist die Überzeugung, daß die Kombinationen dieser reinen, ungegenständlichen Formen »unbewußt« die Einstellung des Subjekts zu allem, was es sieht, und folglich – für Malewitsch – seine Situation in der Welt überhaupt prägen.[4] Malewitsch setzt voraus, daß die suprematistischen Urelemente ursprünglich, wenn dieser Umstand auch früher von den Künstlern nicht bewußt reflektiert wurde, in der Natur wie in der klassischen Kunst in einem »richtigen«, harmonischen Verhältnis zueinander standen. Das Eindringen der Technik habe diese Harmonie zerstört; so wurde es notwendig, jene früher unbewußt wirksamen Mechanismen aufzudecken, ihren bewußten Einsatz zu erlernen und sie der Regie eines umfassenden, organisierenden und harmonisierenden künstlerischen Willens zu unterstellen, der sie in der neuen technischen Welt zu neuer Harmonie führt. Der Schaden, den die Technik der Welt zugefügt hat, soll so auch mit den Mitteln der Technik geheilt werden, wobei der chaotische Charakter der technischen Entwicklung einem Gesamtplan zur Reorganisation des Kosmos unter der Leitung des an die Stelle Gottes gerückten Künstler-Analytikers weichen soll. Ziel dieser totalen Operation ist es, jede weitere Entwicklung, jede Arbeit, jede Schöpfung ein für allemal zu unterbinden. Daraus entsteht eine neue »weiße Menschheit«. Das Bewußtsein der weißen Menschheit ist gegenstandslos. Es wird nicht mehr beteuern müssen, die Menschheit zu irgendeinem ideellen oder konkreten Heil führen zu wollen.

Vor dem Schauspiel der »gegenstandslosen Welt«, also der Vision des absoluten Nichts als der letzten Realität aller Dinge muß nach Malewitsch »das Gebet auf den Lippen des Heiligen ersterben und dem Helden das Schwert entgleiten«[5], denn diese Vision vollendet die Geschichte.

Doch zunächst muß alle Kunst enden. Er schreibt: »Jedes Detail der zu schaffenden geistigen Welt muß sich an einem umfassenden Gesamtplan orientieren. Es kann keine speziellen Rechte und Freiheiten für die Kunst, die Religion oder das bürgerliche Leben geben.«[6] Der Verlust dieser Rechte und Freiheiten sei allerdings kein wirklicher Verlust, denn der Mensch sei prinzipiell unfrei: Er ist Teil des Kosmos, und sein Denken wird über unbewußte »Stimuli« gesteuert, die ihm die Existenz einer »inneren Welt« ebenso wie einer »äußeren Realität« suggerieren.[7] Jedes Streben nach Erkenntnis sei illusorisch und lachhaft, denn es ist der Versuch, mit Hilfe der von verdeckten Stimuli hervorgerufenen Gedanken »Dinge« zu erforschen, die von denselben, ebenfalls notwendigerweise verdeckten Stimuli erzeugt sind. »Die Realität zu erforschen heißt, etwas zu erforschen, das nicht existiert und nicht zu verstehen ist.«[8] Nur der Suprematist könne mit diesen verdeckten Stimuli umgehen, sie modifizieren oder harmonisieren, denn er allein habe Einblick in die Gesetze der reinen Form.

Religion und Wissenschaft erkennt Malewitsch nicht an, da sie zum Bereich des Bewußtseins und nicht des Unbewußten gehören. Bezeichnenderweise sieht er in seinen späten Werken allein im Staat einen Konkurrenten des Künstlers, wobei er offensichtlich an einen totalitären Staat sowjetischen Typs denkt. Auch der Staat appelliert an das Unbewußte: »Jeder Staat ist ein solcher Apparat zur regulierenden Einwirkung auf das Nervensystem seiner Bewohner.«[9] Allerdings fürchtet Malewitsch die Konkurrenz des Staates nicht, denn er glaubt der Behauptung der offiziellen sowjetischen Ideologie, sie sei auf Wissenschaftlichkeit gegründet und strebe den technischen Fortschritt an. Der Vertreter der sowjetischen Ideologie steht so für Malewitsch in einer Reihe mit dem Geistlichen und dem Wissenschaftler, deren Erfolge, da sie sich am Bewußtsein und an der Geschichte orientieren, immer zeitlich begrenzt sind, was unausweichlich eine Vielzahl von Religionen und wissenschaftlichen Theorien schafft. Ganz anders verhalte es sich mit dem Künstler, der sich am Unbewußten orientiere: »Wenn man es für wahr hält, daß alle künstlerischen Werke von der Tätigkeit des Unbewußten ausgehen, dann kann man behaupten, das Unbewußte urteile zutreffender als das Bewußtsein.«[10] Hier setzt Malewitsch ganz offensichtlich ein falsches Gleichheitszeichen zwischen der sowjetischen und der üblichen, liberalrationalistischen Ideologie: Auch der sowjetische Marxismus geht von der unbewußten Determiniertheit des menschlichen Denkens aus, nur sucht er diese nicht in der visuellen, sondern in der sozialen Organisation der Welt, so daß er ein weit ernsthafterer Konkurrent in bezug auf die Einwirkung auf das »Nervensystem« ist, als das vielen zu Beginn schien.

Malewitschs Auffassung von der Kunst, hier nur sehr summarisch vorgestellt, ist typisch für die Zeit und bei ihm nur besonders radikal ausgeprägt. So postulierte ein anderer führender Vertreter der russischen Avantgarde, der Dichter Welimir Chlebnikow, hinter den gewohnten Formen der Sprache verberge sich eine rein phonetische, die sogenannte »Zaum«-Sprache, die in verdeckter und magischer Weise auf den Hörer oder Leser wirke, und er nahm sich vor, diese »Sprache des Unbewußten«, wie Malewitsch sagen würde, zu rekonstruieren und sich ihrer bewußt zu bedienen.[11] Wie dessen Suprematismus beanspruchte auch die phonetische »Zaum«-Sprache Chlebnikows, die in der Überwindung gewohnter sprachlicher Formen damals (und vielleicht auch heute) alles übrige übertraf, für sich Universalität und die Möglichkeit, die ganze Welt auf der neuen Laut-Grundlage zu organisieren. Chlebnikow nannte sich den »Vorsitzenden des Erdballs« und den »König der Zeit«, denn er glaubte, Gesetze gefunden zu haben, die die Zeiten trennen und das Alte vom Neuen scheiden, wie man im Raum etwas trennen kann; somit erhalte die Avantgarde die Macht über die Zeit und unterwerfe dieser Macht die ganze Welt.[12]

Doch auch außerhalb des eigentlichen Kreises der Avantgarde findet man in der damaligen Zeit leicht Parallelen zu Malewitschs Grundgedanken. So erinnert sein Reduktionismus an die phänomenologische Reduktion des Philosophen Edmund Husserl, an den logischen Reduktionismus des Wiener Kreises und an Leo Tolstojs Aufruf zum Einfacherwerden; sie alle suchen nach einem minimalen, doch zweifelsfreien Stützpunkt und orientieren sich dabei am »Alltäglichen«, Volkstümlichen (Malewitsch kam über die russische Volkskunst, über die Ikone und das Aushängeschild zum Suprematismus)[13], sie alle verbindet ein »antiprogressives« Pathos. In noch stärkerem Maße verweist Malewitsch auf Wladimir Solowjews neognostische »Theurgie«, die postulierte, dem Künstler offenbare sich die verdeckte, nach dem Ende der Welt offen zutage tretende Harmonie aller Dinge[14], und die den Sinn der Kunst im »Erbauen des Lebens« sah. Nach Solowjew unterliegt der Mensch der Einwirkung kosmischer Kräfte und kann nur gemeinsam mit dem Kosmos in einer umfassenden Neuschöpfung des Universums gerettet werden, die der Welt nichts hinzufügt und nichts aus ihr entfernt, sondern allein die verdeckten harmonischen Korrespondenzen zwischen den Dingen der Welt sichtbar macht. Zweifellos kann man genau hierin eine der Quellen für Malewitschs wiederholte Forderung sehen, man müsse die harmonisierenden »materiellen«, rein farblichen Sinneseindrücke »sichtbar« machen, und zwar so, als sehe man sie aus einer anderen, apokalyptischen, jenseitigen, posthistorischen Perspektive.

Doch all diese Parallelen reichen nicht so weit, den neuen Impuls zu erklären, der von der Avantgarde mit Malewitsch, Chlebnikow u.a. ausging: die radikale Behauptung, erstens, der Vorherrschaft des Unbewußten über das Bewußtsein des Menschen und, zweitens, der Möglichkeit einer logischen und technischen Manipulation des Unbewußten zum Zweck der Schaffung einer neuen Welt und eines neuen Menschen in ihr. Genau an diesem Punkt setzten auch die noch radikaleren Nachfolger der frühen Avantgarde Malewitschs und Chlebnikows an: Sie empfanden den Suprematismus oder die »Zaum«-Poesie als noch zu kontemplativ, fanden, obwohl die Avantgarde den Blick auf die innere, »unbewußte« Konstruktion und nicht die äußere Erscheinung der Welt richtete, den Bruch mit der mimetischen und der erkennenden Funktion der Kunst nicht vollständig. Später interpretiert der Konstruktivismus Alexander Rodschenkos die suprematistischen Konstruktionen zum unmittelbaren Ausdruck des organisierenden, des »Ingenieur«-Willens des Künstlers um, und einer der Theoretiker des Konstruktivismus (oder, genauer, seiner späteren Variante, des Produktionismus), Boris Arwatow, spricht von der Ingenieur-Natur der Poesie Chlebnikows.[15] So wurde die von Malewitsch und anderen frühen Avantgardisten gezogene Verteidigungslinie vom nachfolgenden technischen Fortschritt ohne besondere Mühe überrannt, dieser übernahm gern den radikalen technischen Apparat, der für den letzten und entscheidenden Kampf gegen ihn geschaffen worden war.

Die rote Agitation

Wenn für Malewitsch das Erreichen des absoluten Nullpunkts und die Errichtung einer neuen Welt, in der die neue »weiße Menschheit«, von allen Vorstellungen der früheren Welt gereinigt, ihre alten Behausungen verlassen und auf suprematistische »Planiten« übersiedeln sollte, noch eine Sache der künstlerischen Phantasie war, so hielt nach der Oktoberrevolution von 1917 und den ersten beiden Bürgerkriegsjahren nicht nur die russische Avantgarde, sondern praktisch die gesamte Bevölkerung des ehemaligen Russischen Reiches diesen Nullpunkt vollkommen zu Recht für in der Wirklichkeit nun erreicht. Das Land war bis auf den Grund ruiniert, die normale Lebensordnung außer Kraft gesetzt, die Wohnungen zum Leben ungeeignet, die Ökonomie fast in den Urzustand zurückgekehrt; die traditionellen gesellschaftlichen Bande waren zerfallen, und das Leben nahm allmählich Züge eines Krieges aller gegen alle an. Nach der berühmten Bemerkung Andrej Belyjs »führte der Sieg des Materialismus in Rußland zum völligen Verschwinden jeglicher Materie aus dem Land«, so daß der Suprematismus die allen offensichtliche Wahrheit nicht mehr lange beweisen mußte, die Materie als solche sei – nichts. Es sah so aus, als sei die Zeit der Apokalypse da, und die avantgardistisch-formalistische Theorie des »Umbruchs«, der die Dinge aus ihren normalen Beziehungen löst und damit »verfremdet«, ihre Wahrnehmung deautomatisiert und sie auf besondere Weise »sichtbar« macht, verwandelte sich von einer Begründung der avantgardistischen künstlerischen Praxis in einen Kommentar der alltäglichen Erfahrung des russischen Normalbürgers.

Die russische Avantgarde sah in dieser einzigartigen historischen Situation nicht nur die zweifelsfreie Bestätigung ihrer theoretischen Konstruktionen und künstlerischen Intuitionen, sondern auch eine einmalige Chance zu ihrer Umsetzung in die Praxis. Ein großer Teil der bildenden Künstler und Literaten der Avantgarde bekundete sofort seine volle Unterstützung für die neue bolschewistische Staatsmacht und übernahm, während die Intelligenz im Ganzen dieser Macht ablehnend gegenüberstand, eine Reihe von Schlüsselpositionen in den neuen, zur zentralen Leitung des gesamten kulturellen Lebens des Landes geschaffenen Organen. Dieser Durchbruch der Avantgarde zur politischen Macht resultierte nicht aus einer opportunistischen Haltung und dem Streben nach persönlichem Erfolg, sondern ergab sich unmittelbar aus dem Wesen ihres künstlerischen Projekts.

Der Künstler traditionellen Zuschnitts, der diesen oder jenen Aspekt der Welt wiedergeben will, kann sich begrenzte Projekte vornehmen, denn die Welt als Ganzes ist für ihn schon an sich etwas Vollendetes, das auch jedem beliebigen seiner Fragmente potentielle Vollkommenheit und Geschlossenheit verleiht. Der Künstler der Avantgarde, dem sich die äußere Welt in ein schwarzes Chaos verwandelt hat, steht vor der Notwendigkeit, eine neue Welt im Ganzen zu schaffen, und daher muß sein künstlerisches Projekt total, unbegrenzt sein. Folglich braucht er zu dessen Realisierung die totale Macht über die Welt – und vor allem die totale politische Macht, die ihm die Möglichkeit gibt, sich die ganze Menschheit oder zumindest die Bevölkerung eines Landes zur Erfüllung seines Vorhabens zu verpflichten. Für den Avantgarde-Künstler ist die Realität selbst das Material seiner künstlerischen Konstruktion, und er fordert natürlich (seinem künstlerischen Vorhaben entsprechend) ebenso absolute Rechte im Umgang mit diesem realen Material, wie er sie bei der Umsetzung anderer künstlerischer Vorhaben – eines Bildes, einer Skulptur oder eines Gedichts – besitzt. Die Forderung nach der Macht des Künstlers über das künstlerische Material, die der modernen Auffassung der Kunst zugrunde liegt, impliziert die Forderung nach der Macht über die Welt, wenn sie die Welt selbst als Material betrachtet. Notwendigerweise ist die Macht des Künstlers dabei keinerlei Beschränkungen unterworfen und wird von keiner anderen, nicht-künstlerischen Instanz in Frage gestellt, denn der Mensch selbst, sein ganzes Denken, seine Wissenschaften, Traditionen und Statuten usw. gelten als unbewußt oder, anders gesagt, als materiell determiniert und unterliegen daher der Umgestaltung nach einem umfassenden künstlerischen Plan. Das künstlerische Vorhaben wird, gemäß seiner immanenten Logik, zu einem künstlerisch-politischen, und die Wahl zwischen verschiedenen solcher Vorhaben – die unausweichlich ist aufgrund der Vielzahl der Künstler und Projekte, von denen selbstverständlich nur eines realisiert werden kann – wird ihrerseits zur nicht nur künstlerischen, sondern auch politischen Wahl, denn von ihr hängt die gesamte Organisation des gesellschaftlichen Lebens ab. So versuchte die Avantgarde in den ersten Jahren der Sowjetmacht nicht nur, ihre künstlerischen Projekte auf der praktischen Ebene in Politik umzusetzen, sondern sie entwickelte auch einen bestimmten Typ des künstlerisch-politischen Diskurses, in dem jede Entscheidung hinsichtlich der ästhetischen Konstruktion eines Kunstwerks als politische Entscheidung gewertet wird und, umgekehrt, die Einschätzung jeder politischen Entscheidung von ihren ästhetischen Folgen ausgeht – dieser Diskurstypus setzte sich im ganzen Lande durch und führte später im Zuge seiner Entwicklung übrigens auch zum Untergang der Avantgarde.

Doch 1919, als Alexander Rodschenko und seine Gruppe das neue Programm des Konstruktivismus[16] vorlegten, war der Enthusiasmus noch ungebrochen und die Avantgarde überzeugt, die Zukunft in der Hand zu haben. Rodschenko, Wladimir Tatlin und die anderen Konstruktivisten sagten sich los von jeglicher kontemplativen Einstellung, die zum Teil in der ersten Generation noch vorhanden war, und erklärten das Kunstwerk als selbstgenügsam, autonom und mit der äußeren Wirklichkeit in keinerlei mimetischem Zusammenhang stehend. Zum Vorbild des konstruktivistischen Kunstwerks wählte man die Maschine, die sich nach ihrem eigenen Gesetz bewegt. Im Unterschied zur Industriemaschine wurde die »Kunst-Maschine« seitens der Konstruktivisten zumindest zu Beginn noch nicht unter utilitaristischem Vorzeichen konzipiert; sie sollte als *autonome Maschine* gemäß der ursprünglich formalistischen Ästhetik der Konstruktivisten den Charakter des Materials, aus dem sie konstruiert ist, sowie ihre konstruktive Natur zeigen, sie sollte, wenn man so will, die »Maschine des Unbewußten« offenlegen, die in der utilitaristischen Maschine ebenso verborgen ist wie im traditionellen Gemälde mit seiner Einstellung auf den Transport eines »bewußten« Inhalts. Die Konstruktivisten selbst betrachteten ihre Konstruktionen nicht als selbstgenügsame Kunstwerke, sondern als Modelle der Neuorganisation der Welt, als vorläufige Entwürfe eines Gesamtplans zur Aneignung des Welt-Materials – daher ihre Liebe zu heterogenen Materialien und ihrer Verwendung innerhalb eines einzigen Werks, daher die Vielfalt ihrer Projekte, die die verschiedensten Aspekte menschlicher Tätigkeit umfaßten und diese einem durchgängigen künstlerischen Prinzip gemäß zu unifizieren suchten.

Daß es ihnen bestimmt sei, die ästhetisch-politische Organisation des Landes in die Hand zu nehmen, davon waren die Konstruktivisten zutiefst überzeugt, denn obwohl sie politisch mit den Bolschewiki zusammenarbeiteten, waren sie sich doch der eigenen intellektuellen Überlegenheit gewiß; den Bolschewiki war es gelungen, die alte Welt zu zerstören und das Land dem Aufbau einer neuen Welt zu verpflichten, so gestand man ihnen die Herrschaft für eine Übergangsetappe zu. Im übrigen verheimlichten auch führende Bolschewiki damals nicht, daß sie sich den konkreten Weg zum Neuen, der von der marxistischen Theorie praktisch noch nicht erarbeitet war, nur schlecht vorstellen konnten. Was die Kunst anging, so trat die Parteiführung damals, meist in Person des Kulturministers A. Lunatscharskij, für einen Pluralismus der künstlerischen Richtungen ein und warb so um möglichst breite Unterstützung aus den Kreisen der alten Intelligenz. Der neuen Kunst der Avantgarde standen die zumeist in traditionellen künstlerischen Vorstellungen erzogenen Parteiführer mehr als skeptisch gegenüber, und Lenin gab offen zu, er verstehe wenig von Kunst, liebe Beethovens *Appassionata*, Tschernyschewskijs Roman *Was tun?* und das Revolutionslied *Ihr seid als Opfer gefallen ...* Die Bolschewiki schätzten natürlich die Unterstützung der Avantgarde, zugleich aber machte ihnen deren diktatorisches Gebaren in der Kunst Sorge, denn es stieß Vertreter anderer Richtungen vor den Kopf, die den Bolschewiki künstlerisch eher lagen, politisch allerdings meist auf der anderen Seite standen. Diese Zwiespältigkeit der Parteiführung interpretierten die Avantgardisten als faktisches Eingeständnis der Unfähigkeit, den Aufbau einer neuen Welt zu bewältigen, und darum thematisierten sie ständig das enge Wechselverhältnis von Politik und Kunst und suchten der Partei den Gedanken einer prinzipiellen Gegensätzlichkeit zweier Kunstrichtungen zu suggerieren: hier der bourgeoisen, traditionellen, konterrevolutionären mimetischen Kunst und dort der neuen, proletarischen, revolutionären Kunst, die die Organisation des Lebens nach einem umfassenden künstlerischen Plan, ein Gesamtkunstwerk »Kommunismus« in die Tat umzusetzen versprach.

Immer hartnäckiger kombinierten die bildenden Künstler, Dichter, Schriftsteller und Publizisten der Avantgarde ästhetische mit politischen Anschuldigungen und forderten damit die Staatsgewalt offen zu Repressionen gegen ihre Opponenten auf. Doch in dem Maße, wie die Stabilität des sowjetischen Systems immer augenscheinlicher wurde und weiteste Kreise der Intelligenz, die den Bolschewiki zunächst feindlich gesonnen waren, zu deren Unterstützung übergingen, was natürlich begrüßt wurde, schrumpfte die Basis der Avantgarde unaufhaltsam. Beginnend mit der Einführung der »Neuen Ökonomischen Politik« (NÖP) entstanden im Lande ein neuer Kunstmarkt und eine neue Lesernachfrage seitens der neuen NÖP-Bourgeoisie, der die Avantgarde ästhetisch und stärker noch politisch fremd war. Eben in der NÖP-Zeit, also von 1922 an, und nicht etwa in den dreißiger Jahren beginnt der Niedergang der Avantgarde-Bewegung, die Ende der zwanziger Jahre, wenn sie auch in äußerst bescheidenem Maßstab weiterhin existiert, jeglichen Einfluß verliert. In jener Zeit entstanden neue künstlerische Vereinigungen wie die AChRR (Assoziation der Künstler des revolutionären Rußland) oder die RAPP (Russische Assoziation Proletarischer Schriftsteller), die traditionelle künstlerische Verfahren und die Losung »Von den Klassikern lernen« mit avantgardistischer Rhetorik und der Technik verbanden, den Gegner als politischen Konterrevolutionär zu brandmarken, was ihnen die wachsende Unterstützung der Partei einbrachte. Gleichzeitig entstanden die literarischen und bildnerischen Gruppen der Mitläufer, die ebenfalls großen Einfluß hatten und in denen – besonders in der bildenden Kunst, in solchen Gruppen wie »OST« und »Bytie« – die Jugend eine wichtige Rolle spielte: Sie ließ sich nicht so leicht von den Beschwörungen der Avantgarde einschüchtern und strebte auf der Suche nach neuen Absatzmärkten für ihre künstlerische Produktion danach, im Rahmen der gewohnten Form des Tafelbildes traditionelle und avantgardistische Verfahren zu verbinden.

Es ist allerdings bezeichnend, daß gerade in dieser Zeit der radikale aktivste Flügel der Avantgarde, der sich um die Zeitschrift »LEF« und später »Neuer LEF« gruppierte, sein Programm weiter radikalisierte und von der Losung des Konstruktivismus zu der des »Produktionismus« überging; man peilte nun direkt die Herstellung von Gebrauchsgütern und die unmittelbare Organisation der gesamten Produktion und des Alltagslebens mit den Mitteln der Kunst an. Jede autonome künstlerische Tätigkeit wurde von den Theoretikern des LEF als reaktionär und geradezu konterrevolutionär erklärt. Rodschenko, der zum führenden bildenden Künstler des LEF geworden war, bezeichnete seinen einstigen Verbündeten Tatlin wegen seiner Treue zur »Mystik des Materials« als »typisch russischen Narren«. Seinerzeit, als Tatlin seinen berühmten utopischen *Turm der Dritten Internationale* schuf und in der Polemik der Avantgarde erstmals bolschewistische Töne anklangen, hatte Schklowskij seine Unzufriedenheit damit ausgedrückt und zur Reinheit der Gewänder, zur Universalität und zur Absage an politisches Engagement aufgerufen. Er hatte zur Antwort bekommen, die kommunistische Macht, die Dritte Internationale und das übrige sei ebensolche Phantastik wie die Kunst der Avantgarde und könne daher als Material der Avantgarde betrachtet werden und unmittelbar in ihre Konstruktionen eingehen.[17] Der Theoretiker des Konstruktivismus A. Gan verkündete zu jener Zeit: »Wir sollen die Wirklichkeit nicht reflektieren, darstellen oder interpretieren, sondern die skizzierten Ziele der neuen aktiven Arbeiterklasse, des Proletariats, praktisch umsetzen und ausdrücken ... Der Meister der Farbe und des Lichts wie der Initiator von Massenaktionen – sie alle sollen zu Konstruktivisten werden für die gemeinsame Aufgabe der Organisation und Lenkung der viele Millionen Köpfe zählenden Massen.«[18]

Wenn im Vergleich mit diesem anfänglichen Optimismus die Polemik des LEF und seine Position in Fragen der Kunst in den zwanziger Jahren sogar noch radikaler werden, so zeigen sie gleichzeitig die ins Wanken geratene Überzeugung der Avantgarde, mit den gestellten Aufgaben aus eigener Kraft fertig zu werden. Die Sprache des LEF wird immer »kommunistischer«, und er selbst ist immer stärker bereit, allein in der kommunistischen Partei die Kraft zu sehen, die sein Projekt umsetzen kann.

Sich selbst schreibt er dabei in immer stärkerem Maße die Rolle des »Spezialisten« zu, der gemäß dem »sozialen Auftrag« der Partei arbeitet; zugleich sieht er sich als künstlerischen Mentor der Partei, der ihrer Führung erklärt, wo ihre wahren Freunde und Feinde sitzen, und sie lehrt, sich den Forderungen der Zeit entsprechend den konstruktiven künstlerischen Aufgaben zu stellen.

Boris Arwatow etwa, später einer der wichtigsten Theoretiker des »produktionistischen« LEF, vom Proletkult und der in diesen Kreisen einflußreichen »Allgemeinen Organisationswissenschaft« Bogdanows geprägt, die nach Ansicht des Proletkult dazu berufen war, das kontemplative Begreifen der Welt durch die marxistisch inspirierte konkrete Organisation der Welt auf neuer Grundlage zu ersetzen, betont zwar, daß die Künstler zu Organisatoren des gesamten öffentlichen Lebens werden sollten, um der Welt, dem erreichten Stand des technischen Fortschritts entsprechend, eine neue künstlerische Form zu geben (das heißt sie in Harmonie mit dem Fortschritt zu bringen – immer noch der alte Gedanke von Malewitsch); zugleich jedoch grenzt Arwatow die Rolle der Kunst ein auf die Suche nach den optimalen Mitteln einer totalen Organisation, der das Ziel von außen vorgegeben ist. »Die Künstler«, schreibt Arwatow, »sollen zu Mitarbeitern der Wissenschaftler, Ingenieure und Verwaltungsbeamten werden.«[19] Er sieht das Ziel der Kunst also weiterhin in der Schaffung eines geschlossenen, in sich organisierten, autonomen, selbstbezüglichen Ganzen, das sich nicht, etwa funktional, auf irgend etwas Äußeres stützt, das heißt, das Kunstwerk orientiert sich für ihn weiterhin am traditionellen avantgardistischen Ideal des Verbrennungsmotors, in den er die ganze Gesellschaft verwandeln möchte. Allerdings verliert dieses Ideal bei ihm schon die universalen, kosmischen Dimensionen, die für die Avantgarde von Malewitsch und Chlebnikow so charakteristisch waren, es zieht sich auf eine rein soziale Realität zurück, die von bestimmten politischen Kräften kontrolliert wird und diesen Kräften – konkret der Kommunistischen Partei – die Hauptverantwortung für die organisatorische Arbeit überträgt, während dem Künstler nur die Ausführung beschränkter Funktionen im Rahmen des gesamten »parteilichen Auftrags« bleibt. Hier wird schon im Rahmen der Avantgarde selbst und ausgehend von ihrem eigenen künstlerischen Projekt der Verzicht auf die Vorrangstellung ausgesprochen, das Abtreten des Projekts an die reale politische Macht, der nun die authentische Aufgabe des Avantgarde-Künstlers zugeteilt wird – der Entwurf eines Gesamtplans für die neue Realität. Die Forderung nach totaler politischer Macht, integraler Bestandteil des künstlerischen Vorhabens der Avantgarde, ist nun im Grunde ersetzt durch die Forderung an die reale politische Macht, ihr Projekt als ein künstlerisches zu begreifen.

Dieselbe Zwiespältigkeit kennzeichnet Arwatows Position hinsichtlich der traditionellen mimetischen Kunst. Einerseits erklärt er sie für ein Zeichen der unvollständigen Organisation der Gesellschaft, das heißt für die Folge eines Mißlingens, und zugleich für ein Hindernis im Hinblick auf die Umsetzung des Avantgarde-Projekts, für eine schmerzliche Realität, die vom unvollständigen »Kunstcharakter« des Lebens selbst zeugt; aus diesem Blickwinkel lehnt er auch die Kunst Malewitschs, Kandinskijs oder Tatlins ab, da sie noch immer kontemplativ sei. Über die Rolle der linken Kunst in den ersten Revolutionsjahren schreibt Arwatow zustimmend: »Unter der Maske des Realismus verbargen sich die Wünsche der schwärzesten Reaktion, überall streuten die mit der Kadettenpartei sympathisierenden Priester der ewigen Kunst voll boshafter Genugtuung ihr Gift. Sie mußten vernichtet, vertrieben, unschädlich gemacht werden.«[20] Negativ bewertet Arwatow auch das Wiedererstehen der darstellenden Kunst in den zwanziger Jahren, das er, wie damals in linken Kreisen üblich, als Zeichen der mit der Neuen Ökonomischen Politik verbundenen allgemeinen kulturellen Reaktion deutete. Zugleich aber war Arwatow bereit, der Kunst neben der konstruktiven und organisierenden auch eine agitatorische Funktion zuzuerkennen – denn auch in dieser Funktion stellt sie das Leben nicht nur dar, sondern dient seiner realen Umgestaltung. Im Rahmen dieser Aufgabe muß Arwatow nun sogar das traditionelle mimetische Tafelbild rehabilitieren, dessen Vernichtung der Produktionismus theoretisch anstrebte: »Die darstellende Kunst als Kunst der Phantasie kann dann als legitim gelten, wenn sie für ihren Schöpfer wie auch für die gesamte Gesellschaft eine einübende Rolle für die Umgestaltung der gesamten Gesellschaft spielt«[21], eine Formulierung, die offensichtlich spätere Positionen der Ästhetik der Stalinzeit vorwegnimmt.

Ähnliche Positionen vertraten die anderen führenden Vertreter des LEF. In einem Artikel von N. »Tschuzhak mit dem bezeichnenden Titel *Das Leben erbauen*, der unmittelbar auf Ideen Wladimir Solowjews verweist[22], heißt es: »Die Kunst als Methode, das Leben zu erkennen – das ist der höchste Inhalt der alten bourgeoisen Ästhetik. Die Kunst als Methode, das Leben zu erbauen – das ist die Losung der proletarischen Sicht der Wissenschaft der Kunst.«[23] Selbstverständlich kann man, wie schon der Verweis auf Solowjew zeigt, Tschuzhaks Position nicht als originär »proletarisch« bezeichnen. Solowjew ging mit Hegel vom Ende der erkennenden Rolle der Kunst und folglich von der Notwendigkeit aus, der Kunst ein neues Ziel zu geben, eine neue Legitimation zu verschaffen – die unmittelbare Umgestaltung der Wirklichkeit. Der Künstler müsse, so Solowjew, aufhören, sich über »ererbte religiöse Ideen« zu definieren, das heißt in der Tradition zu schaffen, und statt dessen »bewußt mit Inkarnation religiöser Ideen« arbeiten, die die Dinge in ihrer zukünftigen Gestalt zeigen – nur dann werde der Künstler in jenem Sinne volkstümlich werden, daß er, ohne sich von den Vorstellungen des Volkes von der Gestalt der Dinge leiten zu lassen, sie allen so darstellt, wie sie am Ende aller Zeiten aussehen werden.[24]

Die von Tschuzhak im Grunde mitgetragene Reduktion der neuen Kunst zur »proletarischen Wissenschaft von der Kunst« bedeutet jedoch seine Kapitulation vor der Forderung nach der führenden Rolle der Partei, so daß die Rolle des Künstlers und Lebens-Erbauers im Grunde wieder auf eben jene Funktion des »Verschönerers«, des Designers der von anderen geschaffenen Wirklichkeit hinausläuft, gegen die Tschuzhak selbst entschieden protestiert. Mit Recht haben die Gegner der LEF aus der AChRR betont, das Programm des LEF unterscheide sich wenig von dem eines beliebigen westlichen Künstlers, der als Designer für große Firmen, in der Werbung usw. arbeite.[25] Die berühmte Passage am Ende des hier besprochenen Artikels ist sicherlich Tschuzhaks eigenem Innewerden dieses Widerspruchs zu verdanken; er schreibt: »Es ist ein Moment denkbar, in dem das wirkliche Leben, bis zum Äußersten mit Kunst gesättigt, die Kunst *ihrer Verzichtbarkeit wegen ausstößt*, und dieser Moment wird ein Segen für den futuristischen Künstler sein, ein wunderbares ›du bist frei‹. Bis dahin aber ist der Künstler ein *Soldat* auf dem Posten der sozialen und sozialistischen Revolution in Erwartung des großen ›Wachthabenden‹ – Stillgestanden!«[26]

Hier geht es schon nicht mehr um das Verschwinden der Kunst als autonomer Tätigkeit, den gemeinsamen Ansatzpunkt der gesamten Avantgarde, sondern um die Absage an eben diese avantgardistische Kunst, an den Künstler in seiner extremen produktionistischen Variante. Der Avantgardist ist nicht mehr der heroische Schöpfer einer neuen Welt, sondern ein Stoiker, der sich einer dem Untergang geweihten Sache verschrieben hat. Nicht jedoch der Begriff, nicht die Wissenschaft löst die Kunst in ihrer erkennenden Funktion ab, nicht der Denker tritt, wie bei Hegel, an die Stelle des Künstlers; der avantgardistische Künstler und Konstrukteur einer neuen Welt räumt vielmehr einem militärisch-politischen Befehlshaber der gesamten »kunstgesättigten Wirklichkeit« seinen Platz, der mystischen Figur des »großen Wachthabenden«, der bald in der vollkommen realen Gestalt Stalins antreten wird. Tschuzhak verweist hier auf die innere Begrenztheit des künstlerischen Projekts der Avantgarde. Wenn die mimetische Kunst, die den Anspruch auf Welterkenntnis hat, in der Wissenschaft an ihre Grenzen stößt, die dieses Projekt mit größerem Erfolg betreibt, so liegen die Grenzen des lebensbauenden Projekts der totalen Mobilisierung im Namen der schönen Form in der militärisch-politischen Macht, die diese Mobilisierung nicht projektiert, sondern in die Tat umsetzt.

Die Theorie des LEF entsprach voll und ganz seiner künstlerischen Praxis. Natürlich hatte der LEF keine unmittelbare Einwirkungsmöglichkeit auf die Produktion, keine Bestimmungsgewalt über die realen gesellschaftlichen Verhältnisse. Daher konzentrierten die Künstler und Literaten des LEF ihre Aufmerksamkeit vor allem auf die Agitation und die Propaganda. Wladimir Majakowskij gestaltete die ROSTA-Fenster (die Fenster der damaligen offiziellen Informationsagentur) und entwarf Produktreklame, Rodschenko beschäftigte sich mit dem Plakat, viele andere mit Theaterinszenierungen, Klubausstattungen und anderem mehr. Dabei gewann die künstlerische Produktion der Avantgarde immer stärker darstellenden Charakter, obwohl die bildenden Künstler der Avantgarde bemüht waren, die Fotografie anstelle des Tafelbildes zu verwenden, und die Schriftsteller die sogenannte »Literatur des Fakts«, das heißt Zeitungsmaterial, anstelle der traditionellen Formen des Erzählens. Wenn jedoch Zeitungsmeldungen über »erfolgreich geschlagene Arbeitsschlachten« oder Fotos von lächelnden Kolchosbäuerinnen und in die Zukunft strebenden Proletariern von den LEF-Leuten als »Fakten« angesehen und der »fiktiven« Illusionskunst der Vergangenheit gegenübergestellt wurden, so fällt zumindest dem heutigen Betrachter der Agitationskunst des LEF sofort ins Auge, daß das Material, mit dem diese Kunst operiert, nicht unmittelbare Manifestation des »Lebens« ist, sondern bereits Resultat der Manipulation und Simulation seitens der unter der totalen Kontrolle des parteilichen Propagandaapparats stehenden Massenmedien. All diese Zeitungsmeldungen und Pressefotos zu »aktuellen Themen«, die öffentlichen Auftritte der »Bestarbeiter« und ähnliche offizielle sowjetische ideologische, nach gewissen Stereotypen verfertigte Produktionen, die wiederum ihr Vorbild in der idealisierten, hagiographischen Kunst der Vergangenheit haben, wurden von den LEF-Mitgliedern unkritisch als unmittelbar aus dem Leben gegriffenes Material verstanden, auf das sie ihre schöpferische Arbeit gründen konnten. Hier wird die Achillesferse der Ästhetik der Avantgarde sichtbar: die Blindheit für die Mechanismen der Wirklichkeitsstilisierung in den angeblich ihrer bloßen Fixierung dienenden zeitgenössischen Medien. Fotografie und Zeitungsmeldung galten bei Theoretikern und Praktikern als Mittel zur Aufdeckung der Wirklichkeit, sie konnten sie nicht als ideologische Operationen durchschauen – zum Teil deshalb, weil sie von der zugrunde liegenden Ideologie, die sie teilten, abgelenkt waren, und weil sie darüber hinaus selbst aktiv an dieser Präparierung der Wirklichkeit teilhatten.

Daher sahen die Ideologen des LEF mit hochmütiger Verachtung auf die »reaktionären AChRR-Vertreter«, die sich auf die schlichte, mit traditionellen malerischen Mitteln verfertigte Illustration parteilicher Anweisungen beschränkten, auf »tendenzielle Kunst« ohne eigene ästhetische Ansprüche, und betrachteten sich selbst, Solowjew folgend, als die »Ingenieure der Welt«; sie glaubten den Widerspruch zwischen der autonomen und der utilitaristischen Kunst damit gelöst zu haben, daß sie ihre Kunst einer umfassenden universalen Aufgabe unterwarfen, die ihr die Autonomie nur im Namen dessen nahm, was höher steht als jedes irdische Ziel – die Umgestaltung der Welt im ganzen. Aus der Position dieser Synthese gesehen ist die Kunst der AChRR tatsächlich eine Art »Antithese«, eine ungeschickte Kombination der traditionellen autonomen darstellenden Kunst mit ihrer primitiven utilitaristischen Unterordnung unter die Propaganda, die Illustration der jüngsten Anweisungen der Partei. Sich selbst hielten die LEF-Vertreter dagegen für berufen, Leben und Bewußtsein der Massen mittels der »Inkarnation« der neuen kommunistischen Religion zu formen.

Das nicht durchschaute Abhängigkeitsverhältnis von der ideologischen Vorverarbeitung primärer visueller und sprachlicher Information ließ die Kunst des LEF indessen sekundär werden, trotz der kühnen Experimente mit dem Zeitungs- und Reklamewort (Majakowskij) oder mit dem fotografischen Bild (Rodschenko). Weder die Zeitungsmeldung noch die Fotografie wurden von ihnen als Medien in Frage gestellt, und darum kann die »servile« Illustrativität der AChRR in ihrer Offenheit – in der Terminologie der formalen Analyse von LEF und OPOJAZ gesprochen – als »Bloßlegung« des Verfahrens betrachtet werden, das heißt als Bloßlegung jener Sekundarität der Kunst – auch der des LEF – in ihrem Verhältnis zur Ideologie und deren unmittelbaren Manifestationen in Gestalt parteilicher Anweisungen, Instruktionen und Thesen.

Diese Blindheit der Avantgarde isolierte sie und führte zu ihrer doppelten Niederlage Ende der zwanziger Jahre. Aus der Perspektive der sich festigenden Staatsmacht wurde der Anspruch des LEF auf eine autonome Lebensgestaltung zunehmend anachronistischer, unpassender und gefährlicher, denn er distanzierte sich per se vom faktischen Aufbau des Sozialismus unter Leitung der Partei. Die gemäßigte »Mitläufer-Opposition«, die in den zwanziger Jahren in vieler Hinsicht den Ton angab, versuchte dagegen umgekehrt, in dem von der Zensur vorgegebenen Rahmen mit vollkommen traditionellen mimetischen Mitteln ein Bild der Wirklichkeit zu zeigen, das mit dem offiziellen zum Teil nicht übereinstimmte; für diese Mitläuferintelligenz war die in ihrem Verhältnis zur Macht apologetische Kunst der Avantgarde vollkommen unakzeptabel und sogar gefährlich, denn die Kritiker aus dem Avantgarde-Lager beschuldigten sie unablässig der »konterrevolutionären Einstellung in Form und Inhalt«, ein Vorwurf, der in diesen harten Jahren durchaus zu einer tödlichen Bedrohung werden konnte.

Die doppelte Isolation der Avantgarde, von der Macht und von der Opposition, bestimmt übrigens die sowjetische Einstellung zu ihr bis auf den heutigen Tag. Während man im Westen die im musealen Kontext betrachtete russische Avantgarde als eine von vielen originellen Strömungen hoch schätzt, hat man ihr im eigenen Land den Anspruch auf Exklusivität und die beinahe verwirklichte Zerstörung der tradierten kulturellen Werte nicht vergessen. Die nachtragende Macht verzeiht der Avantgarde bis heute nicht den Versuch, ihr Konkurrenz zu machen in der Umgestaltung des Landes, während die nicht weniger nachtragende Opposition ihr die »Lobpreisung« der Macht und die Verfolgung ihrer »realistischen« Opponenten übelnimmt. Daher hält die gesamte russische Fachwelt – mit Ausnahme weniger im Grunde am Westen und den dort geltenden wissenschaftlichen Vorstellungen orientierten Enthusiasten – die Wiedererweckung der Avantgarde noch heute weder für nötig noch für wünschenswert. Während Bulgakow, Achmatowa, Pasternak und Mandelstam, die dem neuen Propagandaapparat ihre traditionellen Vorstellungen von der Rolle des Schriftstellers entgegenstellten, nun allgemein kanonisiert werden, denkt man an den LEF meist wie an eine zum Glück gut überstandene, öffentlich besser nicht zu erwähnende anstößige Krankheit zurück. Es ist durchaus möglich und, wenn man die Geschichte betrachtet, sogar wahrscheinlich, daß sich dies mit der Zeit ändert; vorläufig aber ist nicht abzusehen, wann und wie das geschehen kann.

Im großen und ganzen kann man festhalten, daß sich Malewitschs im Spätwerk vielfach ausgesprochene Warnung an die Adresse der Konstruktivisten als begründet erwiesen hat: Ihre Suche nach »Vollendung« mit den Mitteln der Technik und der Agitation macht sie zu Gefangenen ihrer Zeit und führt in eine Sackgasse, denn sie kommt der Gründung einer neuen Kirche gleich, und alle Kirchen sind endlich und zum Tode verurteilt, sobald der Glaube an sie verschwindet.[27] Von seiner eigenen Kunst dagegen meinte Malewitsch, sie überschreite jeden Glauben und jede Ideologie, da sie vom Nichts ausgehe, von der alles negierenden materiellen Unendlichkeit und Gegenstandslosigkeit der Welt. Doch schon die Bezeichnung für sein künstlerisches Prinzip – »Suprematismus«, das heißt, die Lehre vom Höchsten – zeigt, daß ihm selbst die anderen vorgehaltene Orientierung an der Idee der »Vollkommenheit« gar nicht fernlag; er selbst programmierte den Zusammenbruch der Avantgarde vor, als er den Künstler vom Beobachter in einen Machthaber und Demiurgen verwandelte. Natürlich kann man sagen, daß für Malewitsch selbst wie auch für Chlebnikow Anschauung und Beherrschung noch eine Einheit darstellten – sie glaubten noch an die Magie des Bildes und des Wortes, die, wie zuvor die antike platonische »Idee« oder die »Wahrheit« der Rationalisten des 17. Jahrhunderts, durch ihr bloßes Auftreten und ohne jeden Zwang dazu berufen sind, die Liebe der Völker zu gewinnen und absolute Macht über die verzauberte Welt zu verleihen. In diesem Sinne ist Malewitschs Position wirklich »suprem«, denn sie markiert den Punkt des größtmöglichen Glaubens des Künstlers an sein Werk. Doch dieser Punkt erwies sich als schnell überschritten, und die »gewaltsame Umgestaltung des alten Lebens« betraf bald auch jene, die von den »Relikten der Vergangenheit« daran gehindert wurden, die Wahrheit der neuen mystischen Erleuchtungen zu erfassen. Die Arbeit an der Basis, am Unbewußten, die veränderten Lebensbedingungen mußten beim Volk erst eine neue Wahrnehmung schaffen, ehe ihm die höchsten Wahrheiten der neuen Ideologie zugänglich sein konnten.

2
Stalins Lebens-Kunst

Endgültig unterbunden wurde jegliche Aktivität der Avant-
garde-Gruppen mit der Entscheidung des Zentralkomitees der
Kommunistischen Partei vom 23. April 1932, alle Künstlerver-
einigungen aufzulösen. Von nun an sollten sich alle sowjetischen
»Kunst-Arbeiter« nach ihren Arbeitsfeldern zu einheitlichen
Künstlerverbänden zusammenschließen: Schriftsteller, bildende
Künstler, Architekten usw. Diese Verordnung der Partei, die die
Fraktionskämpfe »an der Front der Kunst und Kultur« beenden
sollte und die gesamte sowjetische Kulturarbeit der Führung der
Partei unterwarf, eröffnet formal eine neue – die stalinistische –
Etappe im kulturellen Leben des Landes. Die Verordnung erging
in der Laufzeit des Ersten »Stalinschen« Fünfjahresplanes, der
Kurs genommen hatte auf die beschleunigte Industrialisierung
des Landes im Rahmen eines umfassenden, streng zentralisti-
schen Plans, auf die Zwangskollektivierung der Landwirtschaft,
die man als zweite, Stalinsche Revolution bezeichnen könnte,
auf die Liquidierung der Neuen Ökonomischen Politik und der
mit ihr verbundenen relativen ökonomischen Freiheiten, auf die
Vorbereitungen zur Abrechnung mit der innerparteilichen
Opposition und auf den damit verbundenen raschen Machtzu-
wachs der Organe der Staatssicherheit. Das Stalinsche Regime
steuerte damals energisch die totale Kontrolle über sämtliche,
selbst die kleinsten Dinge des Alltagslebens an, um das Programm des »Aufbaus des Sozialismus in einem Lande« und der
»Umgestaltung des gesamten Lebens«, wie sie Stalin nach dem
»taktischen Rückzieher« der Partei in der Periode der Neuen
Ökonomischen Politik formuliert hatte, umzusetzen.

Die Liquidierung der Neuen Ökonomischen Politik bedeutete
zugleich die Liquidierung des privaten Kunstmarktes und den
vollständigen Übergang aller »Einheiten der sowjetischen
Kunstfront« zu Auftragsarbeiten für den Staat. Die gesamte Kultur wurde tatsächlich mit einer berühmten Formulierung Lenins,
zu einem »Teil der gesamtparteilichen Arbeit«[28] und in dieser
konkreten Situation zu einem Mittel, die sowjetische Bevölke-

rung für die Umgestaltung des Landes zu mobilisieren. Damit erfüllte sich der Wunsch des LEF-Führers Majakowskij, die Regierung solle seine Verse neben den anderen Leistungen an der »Arbeitsfront« prüfen oder »die Feder dem Bajonett gleichsetzen«, damit er sich, wie jedes andere sowjetische Unternehmen, vor der Partei verantworten könne mit »allen hundert Bänden meiner Parteibücher« in der erhobenen Hand und damit zum gemeinsamen Denkmal »uns allen« der »in Kämpfen aufgebaute Sozialismus« erstünde. Der Traum der Avantgarde war wahr geworden, die Kunst um der Schaffung eines neuen Lebens willen, das heißt um der Durchführung eben des Programms vom »Aufbau des Sozialismus in einem Lande« als des wahren und perfekten Gesamtkunstwerks willen, der direkten Kontrolle der Partei zu unterstellen, wenn auch die Urheber dieses Programms nicht Rodschenko oder Majakowskij waren, sondern Stalin, der der Vollständigkeit der politischen Macht halber ihr künstlerisches Projekt geerbt hatte. Die Künstler der Avantgarde waren jedoch, wie schon gesagt, innerlich zu einer solchen Wendung bereit und erwarteten stoisch den »großen Wachthabenden« – zentral war für sie die Einheit des politisch-ästhetischen Projekts und nicht die Frage, ob diese Einheit über eine Politisierung der Ästhetik oder eine Ästhetisierung der Politik erreicht wird, zumal man die Ästhetisierung der Politik seitens der Parteiführung als Reaktion auf die von der Avantgarde betriebene Politisierung der Ästhetik betrachten kann. Die Partei hatte sich lange Zeit um eine gewisse Neutralität im Konkurrenzkampf der verschiedenen Künstlervereinigungen bemüht, die gegenseitigen politischen Beschuldigungen der Opponenten jedoch zwangen sie buchstäblich zur Einmischung und zur Entscheidung.

Bezeichnenderweise führte diese für lange Zeit durchgehaltene Strategie relativer Neutralität dazu, daß der größte Teil der schöpferischen Intelligenz die Entscheidung von 1932 freudig aufnahm. Diese Entscheidung entmachtete vor allem die Führung einflußreicher Organisationen wie der Russischen Assoziation Proletarischer Schriftsteller (RAPP) und der Assoziation der Künstler des revolutionären Rußland (AChRR), die sich Ende der zwanziger und Anfang der dreißiger Jahre praktisch eine kulturelle Monopolstellung gesichert hatten und alle unerwünschten Konkurrenten mit politischer Verleumdung verfolgten. Faktisch hatten die RAPP und die AChRR, und nicht etwa Stalin, die Avantgarde als aktive künstlerische Kraft liquidiert, was in Majakowskijs Selbstmord kurz nach seinem Eintritt in die RAPP, der das totale Scheitern wenigstens zum Teil hatte verhindern sollen, symbolischen Ausdruck fand. Zu führenden Schriftstellern der Stalinzeit wurden viele der Avantgarde nahestehende Mitläufer: Ilja Erenburg, der in Berlin zusammen mit El Lissitzky die konstruktivistische Zeitschrift *Vešč* (Das Ding) herausgegeben hatte, oder der »Serapionsbruder« Kawerin; in der Stalinzeit druckte man Schklowskij, Jurij Tynjanow, Boris Pasternak u. a. Gleichzeitig machten auch konservativere Mitläufer Karriere, denen die RAPP das Vorwärtskommen erschwert hatte. Insofern rechtfertigte Stalin tatsächlich in einem gewissen Maße die Hoffnungen jener, die meinten, eine direkte Leitung von seiten der Partei sei erträglicher als die Macht einzelner Künstlervereinigungen. Von Stalin wurde einmal richtig bemerkt, er sei ein typischer Politiker der »goldenen Mitte« – er zerstöre nur, was ihm extrem erscheine. Nach langem Bitten der meisten sowjetischen Schriftsteller und bildenden Künstler hatte Stalin die unmittelbare kulturelle Leitung übernommen und sein eigenes Projekt entwickelt; mit jedem, der – ganz gleich, aus welchem Lager er kam – sich ohne Vorbehalte der Realisierug dieses Projekts widmete, war er zur Zusammenarbeit bereit. Das Beharren auf Exklusivität, auf irgendwelchen Verdiensten dagegen wurde als Anspruch, »klüger als die Partei«, das heißt als Stalin selbst, zu sein, gewertet und erbarmungslos geahndet, und so kam es zu dem – Außenstehende oft verwundernden – Umstand, daß unter Stalin gerade die eifrigsten Vertreter der Parteilinie liquidiert wurden. Es ist also kein Zufall, daß der Triumph des Avantgarde-Projekts Anfang der dreißiger Jahre mit der endgültigen Niederlage der Avantgarde als formierter künstlerischer Bewegung zusammenfiel. Eine solche Unterdrückung wäre nicht erforderlich gewesen, wenn deren Schwarze Quadrate und »Zaum«-Verse sich tatsächlich auf den ästhetischen Raum beschränkt hätten. Allein die Tatsache der Verfolgung der Avantgarde zeigt, daß sie auf demselben Territorium operierte wie die Macht.

Der ästhetisch-politischen Wende, die Stalin nach allen Regeln der Kriegskunst vollzog, ging eine Reihe von Konsultationen voraus, an denen neben Stalin selbst auch ihm damals besonders nahestehende ranghohe Partei- und Regierungsvertreter – Molotow, Woroschilow und Kaganowitsch – und eine Reihe von Schriftstellern, die später großenteils erschossen wurden – Kirschon, Afinogenow, Jasenskij u. a.[29] – beteiligt waren. Von jener Zeit an wurde es wirklich zu einer Selbstverständlichkeit, daß, wie es Majakowskij gefordert hatte, führende Parteimitglieder in ihren Reden zur Lage im Lande neben der Analyse der Situation in der Landwirtschaft und in der Industrie, der politischen und militärischen Lage auch auf Probleme der Kunst eingingen und beispielsweise den Begriff des »Realistischen«, das wünschenswerte Verhältnis von Form und Inhalt, Fragen des »Typischen« kommentierten. Der Einwand, Woroschilow oder Kaganowitsch, ja selbst Stalin seien keine Literaturwissenschaftler oder Kunsthistoriker, ist hier selbstverständlich irrelevant: Sie schufen in der Realität das einzig offiziell zugelassene Kunstwerk – den Sozialismus – und waren zugleich die einzigen Kritiker ihres Werks, sie waren Experten für die einzig unverzichtbare Poetik – die Poetik des Aufbaus der neuen Welt, für das einzige Genre – das des Demiurgen. Dies gab ihnen das Recht, die Produktion von Romanen und Skulpturen ebenso zu befehligen wie die Stahlschmiede und das Rübensetzen.

Stalin billigte und proklamierte die Losung des Sozialistischen Realismus als verpflichtend für die gesamte sowjetische Kunst. Hauptsächlich war dabei von der Literatur die Rede, und zum erstenmal ausformuliert und angenommen wurde die Methode des Sozialistischen Realismus auf dem Ersten Schriftstellerkongreß von 1934; anschließend wurde sie ohne jede Modifizierung auf die anderen Künste übertragen, was für sich spricht im Hinblick auf ihr »antiformalistisches« Pathos, das nicht im mindesten an der Spezifik der verschiedenen Künste orientiert ist, sondern allein am »sozialistischen Inhalt« der Kunst als solcher. Wir werden nun jedoch den Sozialistischen Realismus, der gewöhnlich als absolute Antithese zur formalistischen Avantgarde verstanden wird, aus dem Blickwinkel seiner Avantgarde-Nachfolge betrachten und zeigen, daß er das Avantgarde-Projekt aufgriff – anders allerdings, als es der Avantgarde vorschwebte.

Die Hauptlinie, entlang derer sich diese Nachfolge vollzog, haben wir schon hinreichend deutlich skizziert: Die Stalinzeit erfüllte die Hauptforderung der Avantgarde, die Kunst solle von der Darstellung des Lebens zu seiner Umgestaltung im Rahmen eines totalen ästhetisch-politischen Plans übergehen; damit wurde die Stalinsche Poetik, wenn man in Stalin das Modell des Tyrannen-Künstlers sehen will, der den für die Zeit des kontemplativen, mimetischen Denkens modellhaften Tyrannen-Philosophen ablöst, unmittelbare Erbin des künstlerischen Konstruktivismus. Natürlich sind die formalen Unterschiede zwischen der künstlerischen Produktion des Sozialistischen Realismus und der der Avantgarde offensichtlich; sie müssen jedoch, wie schon gesagt, aus der Logik des Avantgarde-Projekts selbst erklärt werden und nicht aus solchen Begleitumständen wie etwa dem geringen kulturellen Niveau der Massen oder dem persönlichen Geschmack der Führung. All diese Faktoren spielten natürlich auch damals eine gewisse Rolle, doch das tun sie immer und überall, im Westen wie im Osten – und trotzdem in völlig anderer Weise als unter den kulturellen Bedingungen der Stalinzeit. Deshalb kann man nicht annehmen, daß ein Verweis auf diese Faktoren die spezifische Situation jener Zeit irgendwie erhellt. Die Avantgarde sah in der Vielfalt des Geschmacks, also der Garantie für das Funktionieren des Kunstmarktes, etwas der von den Bolschewiki abgeschafften parlamentarischen Demokratie Analoges: Der Geschmack der Massen sollte sich nicht am Kunstmarkt, sondern zusammen mit der neuen Realität formen. Schon Tretjakow schrieb im LEF im Zusammenhang mit der Forderung nach der völligen Umgestaltung der Lebensbedingungen, diese ziele vor allem auf die Veränderung des von seinen Lebensbedingungen geprägten Menschen ab: »Die Propagierung des neuen Menschen ist im Grunde genommen der einzige Inhalt der futuristischen Schriften, ohne diese Leitidee würden ihre Verfasser unweigerlich zu sprachlichen Seiltänzern ... Nicht das Hervorbringen neuer Bilder, Verse und Erzählungen, sondern die Formung eines neuen Menschen unter Nutzung der Kunst als eines der Produktionsmittel war der Kompaß des Futurismus von seinen Kindertagen an.«[30] Ästhetik und Praxis der Stalinzeit sind grundsätzlich auf die Erziehung und Formung der Massen ausgerichtet, ein Konzept, das Stalin in eine »progressive« avantgardistische Metapher faßte: Die Schriftsteller sind die »Ingenieure der menschlichen Seele«.

Die wichtigsten Differenzen zwischen der Ästhetik der Avantgarde und der des Sozialistischen Realismus lassen sich mit einem gewissen Maß an Vereinfachung um die folgenden Fragen gruppieren: das Verhältnis zum klassischen Erbe, die Rolle der Widerspiegelung und das Problem des neuen Menschen. Im weiteren wollen wir zu zeigen versuchen, daß diese Unterschiede nicht aus der Absage an das Avantgarde-Projekt resultieren, sondern aus seiner Radikalisierung, die die Avantgardisten nicht hatten leisten können.

Das Jüngste Gericht über die Weltkultur

Die Vorstellungen der führenden Bolschewiki vom Umgang mit dem kulturellen Erbe der Bourgeoisie und überhaupt der ganzen Weltgeschichte sehen, summarisch, folgendermaßen aus: Man wähle aus diesem Erbe das »Beste« und das »dem Proletariat Dienliche« und nutze es im Interesse der sozialistischen Revolution und des Aufbaus einer neuen Welt. In diesem Punkt trafen sich alle Ideologen der Bolschewiki, selbst wenn sie in vielen anderen Hinsichten unterschiedlicher Meinung waren. Lenin hatte über den Versuch des Proletkult gespottet, eine eigene, rein proletarische Kultur zu schaffen[31], doch auch Bogdanow, dessen Theorien die Grundlage der Arbeit des Proletkult bildeten, rief in fast denselben Worten wie Lenin zur Nutzung des kulturellen Erbes auf[32]. Auch Trotzkij und besonders Lunatscharskij, die mehr Sympathien für die »linke Kunst« hatten als andere Parteiführer, ließen sich in ihrem positiven Verhältnis zu den Formen der kulturellen Tradition niemals durch die Propaganda der Avantgarde irritieren.

Doch darf man diese positive Einstellung der Parteiführung zum klassischen Erbe, die zur Quelle der Stalinschen Formulierung des Sozialistischen Realismus wurde, nicht mit der Klassik-Treue gewisser oppositioneller Gruppierungen (in der Stalinzeit) oder später offiziell geächteter Ideologen der »Mitläufer« (Polonskij, Woronskij oder sogar Lukács) verwechseln.[33] Den Oppositionellen und Mitläufern diente der Appell an die Klassik dem Bemühen, sich die traditionelle Rolle des autonomen Künstlers zu sichern, der in ästhetischer Distanz zur Wirklichkeit die Möglichkeit zu ihrer unabhängigen Betrachtung und Fixierung findet. Der autonome Künstler war aber weder im Sinne der Avantgarde noch der Partei, er hatte in der Stalinzeit keinen Platz mehr. Die Einbeziehung des Künstlers in den Prozeß der direkten Formung der Wirklichkeit im Rahmen eines kollektiv umzusetzenden Plans schloß die Möglichkeit der »interesselosen Anschauung« aus und machte sie zu einer geradezu konterrevolutionären Tätigkeit.

Im Streit zwischen der Avantgarde und der Partei ging es nicht um die totale Utilitarisierung der Kunst – diese bejahten beide Seiten –, sondern um den Umfang der künstlerischen Mittel und Möglichkeiten, die für eine solche Utilitarisierung in Frage kamen. Stein des Anstoßes war hierbei der Reduktionismus der Avantgarde, der, sollte er sich durchsetzen, die Parteiführung erstens lange erprobter Mittel der Einwirkung auf den Menschen und die Gesellschaft berauben und zweitens, was noch schlimmer wäre, die gesamte Erbmasse der traditionellen Kunst, die ja auch einen nicht geringen materiellen Wert darstellte, mehr oder weniger der Bourgeoisie ausliefern würde. Letzteres stand in vollkommenem Widerspruch zur Taktik der Bolschewiki, »der Bourgeoisie das kulturelle Erbe zu entreißen und es dem Proletariat zu übergeben« oder es sich, was dasselbe ist, selbst anzueignen, wie sie es bereits mit dem Staatsapparat, dem Boden und den Produktionsmitteln getan hatten.

Das Programm der Avantgarde stieß von Anfang an vor allem insofern auf die Kritik der Partei, als es sich bei der Nutzung des den ehemals herrschenden Klassen entrissenen Eigentums, wie es schien, künstlich und ungerechtfertigterweise beschränkte. Wenn die futuristischen Dichter dazu aufriefen, »Puschkin vom Dampfer der Gegenwart zu werfen«, oder wenn die Dichter des Proletkult forderten: »Im Namen des morgigen Tages, verbrennen wir Raffael, zertreten wir die Blumen der Kunst!« (beides in damaligen Diskussionen mit am häufigsten zitiert), so sah die Parteispitze in solchen Aufrufen nur die Anstiftung zur Zerstörung staatlichen Eigentums, das sich, wie z. B. Raffaels Bilder, bei Gelegenheit für viel Geld verkaufen oder, wenn nicht verkaufen, so wenigstens dazu nutzen ließe, um an ihm »das Gefühl für Harmonie, das jedem Erbauer der lichten Zukunft unentbehrlich ist«, zu schulen. Der gängigste Vorwurf an die Adresse der Avantgarde war damals die »Liquidierung« von Kunst, entsprechend »menschewistische Neigungen« und zugleich »linke Abweichung«; der Kampf der Avantgarde gegen die Kunst der Vergangenheit wurde als Aufruf zu ihrer »Liquidierung« und folglich zum »Ausverkauf unserer ideologischen Waffenarsenale« erklärt. Ziel der Partei war jedoch nicht, sich selbst des ererbten Instruments der klassischen Kunst zu berauben, vielmehr wollte sie dieses Instrument für den Aufbau der neuen Welt einsetzen, ihm eine neue Funktion geben, es utilitarisieren. Hier stieß die Avantgarde an die eigenen Grenzen: Zwar lehnte sie das Kriterium des Geschmacks und der Individualität des Künstlers im Namen eines kollektiven Ziels ab, doch bestand sie weiterhin auf der Einzigartigkeit, Individualität und rein geschmacklichen Berechtigung der eigenen Verfahren: ein Widerspruch, auf den fast vom Zeitpunkt der Entstehung der Avantgarde an einige ihrer radikalsten Vertreter hinwiesen, so etwa die »Vsëki«[34], die die Auffassung vertraten, die Avantgarde schränke ihr Projekt bei der Suche nach einem originär »modernen« Stil künstlich ein, und die selbst einen prinzipiellen Eklektizismus propagierten.

Wenn für die Avantgarde und ihre Anhänger die Losung des Sozialistischen Realismus eine Art künstlerische Reaktion und ein »Rückfall in die Barbarei« war, so darf man dabei nicht vergessen, daß der Sozialistische Realismus selbst sich als den Retter Rußlands vor der Barbarei, vor dem von der Avantgarde gewollten Untergang des klassischen Erbes und der gesamten russischen Kultur sah. Ihre Rolle als Retter der Kultur war wohl der größte Stolz der Theoretiker des Sozialistischen Realismus – was man heute vielleicht kaum versteht, wenn man die Arbeiten der Avantgarde im Museum sieht und nicht bedenkt, daß nach den eigenen Plänen der Avantgarde weder diese Museen noch diese Arbeiten hätten überleben dürfen.

Der Stolz auf den Akt der Rettung des kulturellen Erbes ist noch nach vielen Jahren aus der seinerzeit unendlich oft zitierten Passage einer Rede A. Schdanows herauszuhören, die er auf einer Konferenz der sowjetischen Musiker hielt und in der es um die Bildende Kunst geht:

»In der Malerei gab es, wie Sie wissen, zu einer Zeit starke bürgerliche Strömungen, die fast durchgängig unter extrem ›linkem‹ Vorzeichen firmierten und die sich ›Futurismus‹, ›Kubismus‹, ›Modernismus‹ nannten; sie verdammten den ›verfaulten Akademismus‹ und propagierten das Neuerertum. Dieses Neuerertum fand seinen Ausdruck in einem wahnsinnigen Spektakel, man malte Mädchen mit einem Kopf und vier Beinen, das eine Auge schielte nach uns, das andere nach Amerika.

Und womit endete das alles? Mit dem kompletten Zusammenbruch der ›neuen Strömung‹. Die Partei hat die Bedeutung des klassischen Erbes – Repins, Brjullows, Wereschtschagins, Waznecows, Surikows – in vollem Umfang behauptet. War es richtig, daß wir die Schatzkammer der klassischen Malerei bewahrt und ihre Zerstörer zerschlagen haben?

Hätte etwa die weitere Existenz solcher ›Schulen‹ nicht die Liquidierung der Malerei bedeutet? Hat sich das Zentralkomitee in der Verteidigung des klassischen Erbes ›konservativ‹ verhalten, stand es unter dem Einfluß des ›Traditionalismus‹, des ›Epigonentums‹ etc.? Das ist ja der reinste Unsinn!« Und Schdanow fährt fort: »Wir, die Bolschewiki, schlagen das kulturelle Erbe nicht aus. Im Gegenteil, wir eignen uns das kulturelle Erbe aller Völker und Zeiten kritisch an und wählen aus ihm alles aus, was die Werktätigen der sowjetischen Gesellschaft zu großen Taten in der Produktion, in der Wissenschaft und in der Kultur inspirieren kann.«[35]

Schdanow erscheint der bloße Gedanke absurd, man könne ihm Traditionalismus vorwerfen, in Wirklichkeit war gerade er der Initiator der Repressionen gegen die traditionalistisch orientierten Autoren Soschtschenko und Achmatowa. Umgekehrt ist in Schdanows Augen die Position der Avantgarde rückständig und überlebt. Das Thema der absoluten Neuheit des Sozialistischen Realismus im Verhältnis zu jeder beliebigen »bourgeoisen« Kultur, darunter auch der der Avantgarde, taucht in den Texten der Apologeten der Stalinkultur immer wieder auf: Sie halten sich nicht für »Reaktionäre«, und hierin kann man ihnen tatsächlich zustimmen.

In Wirklichkeit war es die Avantgarde, die zwar eine völlig neue, die Zeit des darstellenden Tafelbildes ablösende Epoche in der Kunst verkündete, das eigene Werk aber betrachtete sie im Kontrast zur Tradition; sie reihte sich damit in eben jene Kunstgeschichte ein, die sie doch mit dem Aufkommen der eigenen Schule für beendet hielt. Das Streben nach Reduktion kam bei der Avantgarde aus dem Wunsch, bei Null zu beginnen, diese Verzichthaltung jedoch hatte nur so lange Sinn, wie die Tradition noch lebendig war und den Hintergrund abgab. So traten die formalen Neuerungen der Avantgarde in Widerspruch zu der Forderung auf Verzicht auf jegliche autonome Form; diesen Widerspruch lösten die Produktionisten mit der Forderung nach dem völligen Verzicht auf das Tafelbild, die Skulptur, die erzählende Literatur usw., doch es ist offensichtlich, daß diese Forderung im Rahmen der historischen Kontinuität von Stilen und künstlerischen Problematiken blieb. Die Avantgarde wurde so zum Gefangenen jener Traditionen, die sie zerstören wollte, sie kam aus der Rolle der Opposition nicht heraus.

Für die Ideologen der Bolschewiki dagegen war der Nullpunkt Realität und die Kunst der Vergangenheit nicht lebendige Geschichte, auf die hin man sich zu definieren hätte, sondern ein Magazin toter Dinge, dem man jederzeit gut oder nützlich Scheinendes entnehmen konnte. Unter Stalin sprach man gewöhnlich von der Sowjetunion als der letzten Hüterin des kulturellen Erbes, von dem sich die Bourgeoisie losgesagt, das sie verraten habe, wovon gerade der Erfolg der »nihilistischen« und »antihumanistischen« Avantgarde im Westen zeuge. Die absolute Neuheit des Sozialistischen Realismus forderte keinerlei äußeren, formalen Nachweis, denn sie ergab sich aus der »absoluten Neuheit des sowjetischen sozialistischen Systems und aus den von der Partei gestellten Aufgaben«; die Neuheit der sowjetischen Kunst ergab sich somit aus der Neuheit ihres Inhalts und nicht aus einer »bourgeoisen« Neuheit der Form, die bloß den alten, »bourgeoisen« Inhalt verdeckt. Die Kultur der Stalinzeit fühlte sich nicht als utopische, sondern als bereits reale Kultur nach dem Ende der Geschichte: Die »kapitalistische Umzingelung« ist für diese Kultur nur etwas Äußeres, zusammen mit der gesamten »Geschichte des Klassenkampfs« bereits Abgestorbenes. Dem diesem Umstand entsprechenden, vollkommen apokalyptischen Bewußtsein erscheint die Frage nach der Originalität der künstlerischen Form unendlich veraltet. Die Kultur der Stalinzeit hat zur Avantgarde dasselbe Verhältnis wie eine etablierte Kirche zu den ersten asketischen Sekten: Wenn es zunächst um den Verzicht auf die Freuden der alten Welt geht, stellt sich nach dem Sieg die Frage nach ihrer Übernahme und »Sanktionierung« im neuen Kontext.

Das Verhältnis der Kultur der Stalinzeit zum klassischen Erbe entspricht dem Mechanismus seines Umgangs mit der Tradition im ganzen. Bekanntlich stellte die sogenannte Stalin-Verfassung aus den dreißiger Jahren die grundlegenden bürgerlichen Freiheiten wieder her, in der Stalinzeit wurden regelmäßig Wahlen abgehalten und nach und nach wurden selbst viele kleine typische Erscheinungen des früheren Lebens – bis hin zu den Schulterklappen beim Militär und der, nach aristokratischem Vorbild, getrennten Erziehung von Jungen und Mädchen – wieder eingeführt. All diese Reformen wurden anfangs von liberal gesinnten Beobachtern als Anzeichen der »Normalisierung« nach dem nihilistischen Kahlschlag der Revolutionsjahre betrachtet. In Wirklichkeit waren die Ideologen der Stalinzeit weit radikaler als die äußerst bürgerlich erzogenen Kultur-Revolutionäre, die sich faktisch am Westen orientierten und aus Rußland eine Art besseres Amerika machen wollten: Die Radikalität der Stalinschen Ideologie liegt in der Utilitarisierung jener Lebens- und Kulturformen, für die auch die radikalsten Vertreter der Avantgarde so viel Verständnis und Achtung hatten, daß sie sie eher vollkommen zu zerstören bereit waren, als sie zu utilitaristischen und profanen Zwecken einzusetzen. Wie glatt die kulturellen Mechanismen der Stalinzeit funktionierten, zeigt beispielsweise die Verurteilung des seinerzeit prominenten Mathematikers und Konstruktivisten Luzin wegen »menschewistischer und trotzkistischer Positionen in der Mathematik, die sich in dem Versuch äußern, dem Proletariat ein so wichtiges Instrument wie die transfinite Induktion aus den Händen zu schlagen«. Die »transfinite Induktion« wurde bekanntlich vom konstruktiven Zweig der Mathematik abgelehnt; diese mathematische Schule kam übrigens etwa gleichzeitig mit dem Konstruktivismus auf, wenn auch selbstverständlich ohne Verbindung zu ihr.

Das Problem der Beziehung zur klassischen Kultur läßt sich noch aus einem anderen Blickwinkel betrachten. Der künstlerischen Praxis der Avantgarde lag die Methode der »Verfremdung« oder der »Bloßlegung des Verfahrens« zugrunde, nach der ein Kunstwerk die Mechanismen seiner Wirkung offenlegen muß. Diese Methode ging auch von der Kontinuität der Kunstgeschichte aus und beschrieb jede folgende Richtung als Aufdeckung der von der vorangegangenen Richtung verdeckt angewandten Verfahren. So kann der Suprematismus von Malewitsch als Arbeit mit der Farbe und der reinen Form verstanden werden, deren Wirkung im traditionellen darstellenden Bild vom mimetischen Charakter der Formen, vom »Inhalt« verdeckt waren; Chlebnikows Arbeit mit dem Wort kann verstanden werden als Aufdeckung der klanglichen Seite der Rede, die in der klassischen »Inhalts«-Dichtung überhört wurde. Diese Theorie forderte die ständige Erneuerung der künstlerischen Form um der »Verfremdung« willen, um die Kunst wegen ihrer Ungewöhnlichkeit, Neuheit, der in ihr enthaltenen »Veränderung« emotional stärker auf den Betrachter einwirken zu lassen. Wenn man will, kann man auch die Politik der Revolutionsjahre als eine solche Bloßlegung des Verfahrens auffassen: Es wurde behauptet, die liberale Demokratie sei innerlich repressiv, verdecke dies aber durch ihre Form, und daher müsse ihr repressiver Charakter mittels des offenen proletarischen Terrors sichtbar gemacht werden; dieser Terror sei gerade aufgrund seiner Offenheit, seines Verzichts auf Heuchelei der bürgerlichen Demokratie überlegen.

Offensichtlich setzt diese Theorie einen Hintergrund voraus, der verändert, negiert, verfremdet werden kann; sie geht davon aus, daß die Wahrnehmungsfähigkeit des Betrachters nach und nach abstumpft und darum nach Erneuerung verlangt. Die Aufnahmefähigkeit des Publikums der zwanziger und dreißiger Jahre jedoch stumpfte gerade der »Bloßlegung des Verfahrens« gegenüber ab, der Neuheit als solcher gegenüber – sie hätte sich sozusagen ein Verdecken des Verfahrens gewünscht. Die Theorie der »Bloßlegung des Verfahrens« ist auch innerlich widersprüchlich, einerseits fordert sie, mit Ingenieur-Methoden, manipulativ auf das menschliche Unbewußte einzuwirken, und andererseits, diese Manipulation und ihre Wirkung auf der Ebene der bewußten Wahrnehmung offenzulegen, anders gesagt, die formalistische Ästhetik verlangt von der Kunst, die Wirklichkeit zu formen und zugleich im Geiste der »permanenten Revolution« das Geschaffene ständig zu zerstören, es der Forderung nach immerwährender Neuheit zu unterwerfen, was faktisch eine systematische, planmäßige Arbeit, wie sie das künstlerische Ideal forderte, vereitelte.

Die Kultur der Stalinzeit zeigte im Gegensatz dazu das größte Interesse an verschiedenen Modellen der verdeckten Formung des Unbewußten, beispielsweise an Pawlows Theorie der bedingten Reflexe oder am System Stanislawskijs, das den Schauspieler dazu anhielt, sich bis zum Verlust der eigenen Identität in eine

Rolle hineinzuleben. Die Kultur der Stalinzeit suchte nicht die Deautomatisierung, sondern die Automatisierung von Bewußtseinsvorgängen, ihre systematische Ausrichtung in die gewünschte Richtung mittels steuernder Eingriffe in das Alltagsleben, das Milieu, die Basis, das Unterbewußte, was zugleich ganz und gar nicht das »ideologische« Verdecken der entsprechenden Verfahren auf der Ebene der theoretischen Reflexion bedeutete. Die Lösung dieser Aufgabe lag also nicht in der Absage an traditionelle künstlerische Techniken zum Zwecke der Offenlegung ihrer Verfahren, die theoretisch eine Schockwirkung haben sollte, tatsächlich jedoch deren Wirkung nur neutralisierte, sondern im Gegenteil im Studium dieser Verfahren zum Zweck ihrer weiteren zielgerichteten Anwendung. Anders gesagt, auch aus der Perspektive der theoretischen Selbstreflexion der Avantgarde bedeutet die Kultur der Stalinzeit deren Radikalisierung und zugleich formale Überwindung, wenn man also so will – die Offenlegung des avantgardistischen Verfahrens und nicht seine bloße Umkehrung.

In diesem Zusammenhang besonders interessant ist ein Aufsatz eines der bekanntesten Vertreter des Formalismus, G. Winokur: *Über die Phraseologie der Revolution*. Er erschien in einer der frühen Nummern des LEF und protestiert gegen die Monotonie der offiziellen sowjetischen Propaganda, die, wie er meint, sie zu völliger Wirkungslosigkeit verurteile. Zwar attestiert Winokur den Bolschewiki eine gewisse Effizienz ihrer Strategie, ein und dieselben einfachen Losungen »ins Bewußtsein der Massen einzuhämmern«, anschließend aber äußert er in bester formalistischer Tradition die Befürchtung, diese Strategie führe bei endloser Anwendung zum umgekehrten Ergebnis und automatisiere die Wirkung dieser Losungen, lasse sie »an den Ohren der Massen vorbeirauschen«, ohne bewußt wahrgenommen zu werden. Winokur schreibt, fast um Schonung flehend: »Man kann einmal, zweimal zuschlagen, aber doch nicht bis zur Bewußtlosigkeit!«[36] Er zitiert typische sowjetische Losungen wie »Es lebe die Arbeiterklasse und ihre fortschrittliche Avantgarde – die Russische Kommunistische Partei!« oder »Es lebe der Sieg der Arbeiter und Bauern Indiens!« und fährt dann fort, selbst überzeugte Kommunisten seien nicht mehr in der Lage, diese Losungen aufzunehmen, und charakterisiert sie als »abgenutzte Klischees,

abgegriffene Münzen, entwertetes Geld« und daneben als
»Zaum«-Sprache, als Lautkombinationen, an die unser Ohr derart gewöhnt ist, daß es ihm schon »vollkommen unmöglich ist,
irgendwie auf diese Aufrufe zu reagieren«.[37]

Die letzte Kennzeichnung läßt uns aufhorchen, denn in seinem
vorangegangenen Artikel lobt[38] Winokur eben Chlebnikows
»Zaum«-Sprache und legt dar, daß diese die bewußte und planmäßige Lenkung der Sprache als solcher erlaube. Wenn er nun
am Ende seines Artikels über die Phraseologie der Revolution
dazu aufruft, Hilfe bei der Poesie zu suchen, wobei er zweifellos
in erster Linie an die Poesie des Futurismus denkt, so drängt sich
die Frage auf: Welchen Sinn kann es haben, die eine Art von
»Zaum«-Sprache gegen eine andere einzutauschen?

Chlebnikow begann mit der Schaffung seiner »Zaum«-Sprache,
als die traditionellen sprachlichen Formen – das russische sprachliche Unbewußte – zu zerfallen begannen. So entstand sein Projekt einer neuen magischen Rede, der neuen Vereinigung aller
Sprecher jenseits der gewöhnlichen »Verstandes«-Sprache, in
der der Kampf der Meinungen, Stile und Losungen nicht wieder-
gutzumachende Zerstörungen angerichtet, den unwiderruflichen
Zerfall der ursprünglichen sprachlichen Einheit hervorgerufen
hatte. In sowjetischer Zeit aber erhielt die Sprache eine neue
Einheit, ein neues, von der Partei künstlich eingehämmertes
sprachliches Unbewußtes. Genau mit dem Moment, als die Partei-
losungen von den Massen nicht mehr als solche wahrgenommen
wurden, wurden sie »beherrschend«; sie wurden zum kollektiven
Unbewußten, zur Lebensweise, zum selbstverständlichen Hintergrund, dessen Verlust nur im Ausland erlebbar ist, und entsprechend zu »Zaum«-Texten, die keinerlei bestimmten Inhalt mehr
transportierten, sich also, vom Standpunkt der formalistischen
Ästhetik gesehen, »formalisierten« und »ästhetisierten«. Daß die
formalistische Ästhetik sie in dieser Funktion nicht mehr zu identifizieren vermochte, zeigt ihre prinzipielle Schwäche wie auch die
der gesamten russischen Avantgarde: In einer Zeit der weltge-
schichtlichen und sprachlichen Krise entstanden und angetreten,
um diese Krise aufzufangen und zu kompensieren, verlor sie die
innere Legitimation und selbst ihr früheres Analysevermögen,
als sich herausstellte, daß es nicht ihr, sondern ihrem historischen
Konkurrenten gelungen war, diese Krise zu überwinden.

Das größte ideologische Hindernis für die Assimilierung des klassischen Erbes waren lange Zeit die Lehrsätze des sogenannten »vulgären Soziologismus«, nach denen die Kunst und auch die Kultur im ganzen der »Überbau« einer bestimmten ökonomischen Basis ist. Diesen vollkommen orthodox-marxistischen Ansatz nutzten die Theoretiker der Avantgarde, besonders Arwatow, weidlich zur Begründung der Notwendigkeit, eine spezifisch proletarische, formal im Vergleich zur Kunst der Vergangenheit neuartige Kunst zu schaffen. Der in den zwanziger Jahren gängige Einwand der »Mitläufer«, in Sowjetrußland habe sich noch keine sozialistische ökonomische Basis gebildet, der eine solche prinzipiell neue Kunst entsprechen könnte, war selbstverständlich zur Zeit des Stalinschen »Aufbaus des Sozialismus in einem Lande« nicht mehr akzeptabel.

Einen Ausweg fand man in dem schon von Lenin formulierten Prinzip der »zwei Kulturen in einer Kultur«[39]. Danach ist die Kultur eines historischen Zeitraums niemals in dem Sinne monolithisch, daß sie die Basis als ganze abbildet; die ist immer in zwei Lager gespalten, die jeweils die Interessen einer der beiden in jedem ökonomischen System miteinander kämpfenden Klassen vertreten. In jeder Zeit gibt es also eine progressive Kunst, die für die Interessen der unterdrückten und historisch progressiven gesellschaftlichen Klassen eintritt, und eine reaktionäre Kunst, die die Ideologie der Ausbeuterklassen ausdrückt. Der Sozialistische Realismus tritt nach dieser Theorie das Erbe der progressiven Kunst aller Länder und aller Zeiten an. Die reaktionäre Kunst aller Zeiten dagegen ist dem Vergessen zu überantworten, aus den Annalen der Geschichte zu streichen, und wenn sie doch erhalten bleiben sollte, so nur als Dokument der jeder echten, progressiven Kunst feindlich gesonnenen Kräfte.

Die Kunst des Sozialistischen Realismus erwarb sich somit das Recht, auf jede Art von progressiver Kunst der Vergangenheit zurückzugreifen, da diese mit ihr den »historischen Optimismus«, die »Liebe zum Volk«, die »Lebensfreude«, den »wahren Humanismus« und andere positive Eigenschaften teilte, die universale Kennzeichen einer an den Interessen der unterdrückten und progressiven Klassen orientierten Kunst sind. Als Beispiele einer solchen progressiven Kunst wurden gewöhnlich die griechische Antike, die italienische Hochrenaissance und die russische realistische Malerei des 19. Jahrunderts genannt: Die Stalinsche Kulturologie vereinte die unterdrückten und progressiven Klassen aller Völker und Zeiten im Begriff des »Volks«, so daß als Volkskünstler auch Phidias und Leonardo da Vinci galten, da sie in ihrer Kunst objektiv die progressiven Ideale ihrer Zeit ausdrückten, auch wenn man sie persönlich nicht als Vertreter ausgebeuteter Klassen bezeichnen konnte.

So liest man in einem instruktiven Artikel der Zeitschrift »Fragen der Philosophie« aus der Zeit der endgültigen Formierung der Stalinschen Ästhetik: »Große klassische Kunst war immer vom Geist des Kampfes gegen alles Überlebte, alles Alte, gegen alle gesellschaftlichen Gebrechen ihrer Zeit geprägt. Hierin liegt ihre Lebenskraft, hierin liegt der Grund dafür, daß sie auch dann lebendig bleibt, wenn die Epoche, die sie ins Leben gerufen hat, schon lange versunken ist.«[40] Und die Zeitschrift fährt fort: »Die klassische realistische Kunst bewahrt ihre ideologische und ästhetische Bedeutung für die heutige Zeit auch dank ihrer Verbindung mit dem Volk.«[41] Dies gilt, wie die Zeitschrift annimmt, besonders für die russische klassische Kunst. Es sei ein Fehler zu glauben, heißt es weiter, schon die »proletarische Ideologie« sei Garant des Realismus, wichtiger als alles andere sei die progressive realistische Methode in der Kunst sowie die innere Verbindung zum Volk, wie dies Lenin am Beispiel Tolstojs gezeigt habe, »dessen Erbe seine Bedeutung erhalten hat und auch in der Zukunft erhält. Das russische Proletariat tritt dieses Erbe an und führt es weiter«[42]. Das Erbe Tolstojs bleibt in seiner Bedeutung erhalten, obwohl Tolstojs Weltanschauung keinesfalls marxistisch genannt werden kann. Daraus schließt die Redaktion der Zeitschrift, jene Theoretiker der zwanziger Jahre seien im Unrecht, die, »wie das auch die RAPP (Russische Assoziation Proletarischer Schriftsteller) tat, die objektive Bedeutung eines künstlerischen Werks unmittelbar von der subjektiven Ideologie des Künstlers abhängig machen wollen«. »Die Kommunistische Partei, ihre Führer Lenin und Stalin«, heißt es weiter, »kämpften gegen den Proletkult, gegen die RAPP, gegen alle, die sich vulgarisierend, anarchisch und verächtlich über die großen kulturellen Errungenschaften der Menschheit äußerten. Die Partei hat die von Mach und Bogdanow geprägten, dem sowjetischen Volk zutiefst feindlich gesinnten Prinzipien des Proletkult und der ›Theorien‹ der RAPP entlarvt. Die Bekämpfung antimarxistischer, nihilistischer ästhetischer Ansätze ist Teil des Kampfs der Partei gegen Formalismus und Naturalismus und für Sozialistischen Realismus in Kunst und Kultur.«[43]

In dem Maß, wie bei dieser Betrachtungsweise die gesamte »progressive« Weltkultur überhistorische Bedeutung und ewige Aktualität gewinnt und zum Zeitgenossen jeder neuen »progressiven« Strömung wird, erhält auch die »gegen das Volk gerichtete«, »reaktionäre«, »dekadente« Kultur, die ihre innere Identität durch die gesamte Weltgeschichte bewahrt, überhistorische, universale Bedeutung. Die Kultur der Stalinzeit versteht sich, wie schon gesagt, als eine Kultur nach der Apokalypse: Das Urteil über die gesamte Menschheitskultur ist gesprochen, und alles in der Zeit Getrennte vereint sich im grellen Licht des Jüngsten Gerichts, in der Aufdeckung der letzten Wahrheit, wie sie in Stalins *Kurzem Kurs der Geschichte der Kommunistischen Partei der SU (Bolschewiki)/VKP/b/* niedergelegt ist. In diesem Licht kann nur glänzen, wer es aushält – alles andere stürzt in ein Dunkel, aus dem nur »dekadentes« Stöhnen heraufklingt.

So macht die Kultur der Stalinzeit einen absoluten Unterschied zwischen dem Progressiven und dem Reaktionären einer jeden Epoche; einen Unterschied, der dem formalistisch orientierten Blick oft entgeht, weil er nur Ähnlichkeiten sieht, die in der Einheit des historischen Stils begründet sind. Wie ist es etwa zu verstehen, daß Schiller und Goethe in der Kultur der Stalinzeit als »progressiv« und »volkstümlich« gelten, Novalis oder Hölderlin aber als Reaktionäre, Volksfeinde und ideologische Sprachrohre der absterbenden feudalen Klassen? »Reaktionäre« Autoren verschwanden gewöhnlich in der Stalinzeit ebenso spurlos aus den Annalen der Geschichte wie frisch entlarvte »Schädlinge«. Was die »progressiven« Autoren angeht, so verpaßte man ihnen, wie sich jeder erinnert, einen Standard-Charakter; hier ging es nicht um die reale historische Geschichte, sondern um eine Art Hagiographie, der an der Schaffung einer deindividualisierten, hieratischen Figur gelegen war. So unterscheidet sich die hagiographische Beschreibung, sagen wir, Goethes, nicht im geringsten von der Scholochows oder Omar Khaiams – sie alle liebten das Volk, litten unter den Umtrieben der reaktionären Kräfte, arbeiteten für eine lichte Zukunft, schufen wahrhaft realistische Kunst usw.

Diese kurze Darstellung der Klassikrezeption in der Stalinzeit zeigt schon, daß sie sich radikal von dem unterschied, wofür die Avantgarde oder konkret der LEF eintrat. Der LEF sah einen deutlichen Bruch zwischen der eigenen »demiurgischen« ästhetischen Orientierung und der kontemplativen Kunst der Vergangenheit, die er in gewohnter Weise nach historischen Stilen klassifizierte und nicht, quer durch diese Stile hindurch, nach progressiven oder reaktionären Elementen. Hier zeigt sich wieder einmal die historische Begrenztheit der klassischen Avantgarde, die, ohne sich darüber hinreichend klar zu werden, Gefangene ihres eigenen Platzes in der Kunstgeschichte ist.

Der Sozialistische Realismus hingegen, für den die Geschichte zu Ende ist und der darum in ihr keinen bestimmten Platz einnimmt, betrachtet die gesamte Geschichte als Arena des Kampfes zwischen der aktiven, demiurgischen, schöpferischen, progressiven Kunst, deren Ziel die Schaffung einer neuen Welt im Interesse der unterdrückten Klassen ist, und der passiven, kontemplativen Kunst, die an die Möglichkeit von Veränderungen nicht glaubt, sie nicht wünscht, alles hinnimmt, wie es ist, oder von der Vergangenheit träumt. Die erste Gruppe nimmt der Sozialistische Realismus in seinen Kirchenkalender auf, die zweite schickt er in die Hölle des historischen Vergessens, eines zweiten, mystischen Todes. In der neuen posthistorischen Realität ist für die Ästhetik der Stalinzeit alles neu – neu sind für sie auch die Klassiker, die sie allerdings tatsächlich bis zur Unkenntlichkeit präpariert. Darum hat sie keinen Grund, nach formalen Neuerungen zu streben; Neuheit ist ihr von vornherein durch die Neuheit ihres Inhalts und ihre überhistorische Bedeutung garantiert. Sie fürchtet auch den Vorwurf des Eklektizismus nicht, denn er geht an ihrem Recht vorbei, ihre Vorbilder frei aus allen Epochen zu wählen, denn sie wählt nur progressive Kunst, die schon an sich innere Einheit besitzt. Der Vorwurf des Eklektizismus wäre berechtigt, würde sie etwas zitieren, was sie selbst für reaktionär hält – ein solcher Vorwurf wurde tatsächlich manchmal gemacht und drohte dem angegriffenen Autor oder bildenden Künstler mit den traurigsten Konsequenzen. Die sozialistische sowjetische Kunst im ganzen jedoch als eklektisch zu bezeichnen, wäre nur einer rein äußerlichen und darüber hinaus reaktionären Betrachtungsweise möglich, die allein auf die formale Seite sähe und nicht auf die innere Einheit von »Volkstümlichkeit« und »ideologischer Folgerichtigkeit«.

Der Sozialistische Realismus basiert auf der Marxschen Lehre des dialektischen und historischen Materialismus, für den die sozialistische Revolution die letzte Etappe auf dem Weg der dialektischen Entwicklung ist; die Zwischenetappen aber spielen die Rolle von Prototypen oder Symbolen, die dieses letzte und absolute Ereignis vorwegnehmen. Aus dieser gedanklichen Konstruktion entstand jene dialektische Radikalisierung der Avantgarde, die ihr als »metaphysischer« und »idealistischer« Strömung die Niederlage einbrachte: Für die Avantgarde war das eigene Projekt ein absolutes, war nicht dialektische Opposition gegenüber der Vergangenheit, sondern deren direkte Negierung; daher konnte sie nicht bestehen vor der totalen dialektischen Ironie des Stalinismus mit seiner Negation der Negation, die in der praktischen Sprache des dialektischen Materialismus die doppelte Vernichtung bedeutete, das heißt die unendliche Vernichtung der Vernichtenden, die Säuberung der Säubernden, die mystische Läuterung des menschlichen Materials mit dem Ziel der Schaffung eines »neuen Menschen« im Namen des Stalinschen überirdischen transhistorischen »neuen Humanismus«.

Die Typologie des Nichtseienden

Im Gegensatz zur Ästhetik der Avantgarde bestehen die Theoretiker des Sozialistischen Realismus gewöhnlich auf der Rolle der Kunst als eines Instruments zum Erkennen der Wirklichkeit, anders gesagt, auf ihrer mimetischen Funktion, weswegen auch der Sozialistische Realismus eben als »Realismus« dem Formalismus der Avantgarde gegenübergestellt wird. Nicht weniger entschieden allerdings grenzt sich die Ästhetik der Stalinzeit vom Naturalismus ab, den sie mit der »Ideologie des bürgerlichen Objektivismus« verbindet und darum ablehnt und der sich bei näherer Betrachtung als das erweist, was man im gewöhnlichen Sprachgebrauch unter »Realismus« versteht und was auch die Theoretiker des LEF so nannten – die Darstellung der Wirklichkeit, wie sie sich dem Auge unmittelbar darbietet. Mimesis, die in der Ästhetik der Stalinzeit – und in der Sowjetunion noch heute –

mit der Leninschen Widerspiegelungstheorie in Zusammenhang gebracht wird, bedeutet folglich etwas vollkommen anderes, als die Orientierung am darstellenden Tafelbild im traditionellen Sinne.

Die Analyse dieses Unterschieds setzt zwangsläufig bei dem Begriff des »Typischen« an, einem Schlüsselbegriff des gesamten sozrealistischen Diskurses. Um eine möglichst dem Reifestadium dieser Doktrin entsprechende Definition anzuführen, zitieren wir den richtungweisenden Rechenschaftsbericht G. Malenkows zum 19. Parteitag: »Unsere Künstler, Schriftsteller und Artisten müssen sich bei ihrer Arbeit, der Schaffung künstlerischer Bilder, immer dessen bewußt sein, daß das Typische nicht das Verbreitetste ist, sondern das, was mit der größten Überzeugungskraft das Wesen einer bestimmten gesellschaftlichen Kraft ausdrückt. Vom Standpunkt des Marxismus-Leninismus ist das Typische nicht das Durchschnittliche ... Das Typische ist der Dreh- und Angelpunkt, an dem sich die Parteilichkeit der realistischen Kunst erweist. Das Problem des Typischen ist immer ein politisches Problem.« Nach diesem Malenkow-Zitat fährt das Journal fort: »So zeigt sich in der Kunst, die das Typische im gesellschaftlichen Leben hervorkehrt, die politische Einstellung des Künstlers zur Wirklichkeit, zum gesellschaftlichen Leben und zur Geschichte.«[44]

Die sozrealistische Mimesis ist demnach auf das verdeckte Wesen der Dinge gerichtet, nicht auf ihre Erscheinung – insofern erinnert sie eher an den mittelalterlichen Realismus und seine Polemik gegen den Nominalismus als an den Realismus des 19. Jahrhunderts. Doch der mittelalterliche Realismus kannte kein Parteilichkeitsprinzip und verstand sich nicht als politisch richtungweisend – selbst wenn von der Politik des Widerstands gegen teuflische Versuchungen die Rede war –; er orientierte sich an dem, was ist, am wahren Wesen der Dinge. Der Sozialistische Realismus hingegen orientiert sich an etwas, das noch nicht ist, aber geschaffen werden soll, und insofern ist er der Erbe der Avantgarde, für die das Politische und das Ästhetische ebenfalls zusammenfallen. Zur Grundlage dieses Verständnisses des Typischen avancierte die folgende Äußerung Stalins: »Von besonderer Bedeutung für die dialektische Methode ist nicht das gegenwärtig Stabile, aber schon Absterbende, sondern das noch nicht stabil Scheinende, denn die dialektische Methode erkennt nur das als unüberwindlich an, was in Entstehung und Entwicklung begriffen ist.«[45] Wenn man weiter in Rechnung stellt, daß unter den Bedingungen des Sozialismus als dialektisch entstehend und sich entwickelnd das verstanden wird, was den neuesten Richtlinien der Partei entspricht, und als absterbend, was ihnen widerspricht, denn es ist offensichtlich, daß das erstere mit der Zeit die Oberhand gewinnen und das zweite untergehen wird, so ist der Zusammenhang zwischen der Ausrichtung auf das Typische und dem Prinzip der Parteilichkeit klar: Es geht um die rasche visuelle Umsetzung neuer Parteirichtlinien, um die Fähigkeit, sich in neuen Tendenzen an der Parteispitze zu orientieren, die Nase nach dem Wind zu richten, oder, noch genauer, den Willen Stalins als des realen Schöpfers der Wirklichkeit im voraus zu erraten.

Dies erklärt auch die verbreitete Praxis der Stalinzeit, Schriftsteller, Künstler oder Filmschaffende zur unmittelbaren Teilhabe am Machtapparat heranzuziehen, ihnen den Zugang zu privilegierten Sphären der Partei zu verschaffen. Dabei handelt es sich nicht um gewöhnliche »Bestechung« der Künstler, man hätte sie, wie den Rest des Landes auch, schlicht über ihre Angst zur Arbeit zwingen können. Das Verfahren bietet vielmehr die für ein Schaffen mit der Methode des Sozialistischen Realismus unverzichtbare Gelegenheit, »Typisches« zu sehen und anschließend darzustellen – den Prozeß der Formung der Wirklichkeit durch den Willen der Parteiführung zu beobachten und, da die Künstler zum Teil dieser Führung angehörten, sogar unmittelbar mitzugestalten: Als Parteibürokrat ist der sowjetische Künstler mehr Künstler, mehr Schöpfer der neuen Wirklichkeit als später zu Hause vor der Staffelei. Gegenstand der mimetischen Darstellung in der Kunst ist folglich nicht die äußere sichtbare Wirklichkeit, sondern die innere Wirklichkeit des Künstlers, seine Fähigkeit, sich innerlich mit dem Willen der Partei und Stalins zu identifizieren, mit ihm zu verschmelzen und aus dieser inneren Verschmelzung heraus ein Bild oder, genauer, ein Modell jener Wirklichkeit zu schaffen, auf deren Errichtung der Wille gerichtet ist. Daher ist das Problem des Typischen eben ein politisches Problem, denn die Unfähigkeit des Künstlers zu einer solchen inneren Identifikation, die sich in seiner Unfähigkeit äußert, das »richtige« Typische herauszugreifen, kann nur von inneren Differenzen mit der Partei und Stalin herrühren, die durchaus auf einer unbewußten Ebene liegen können, so daß er sich darüber nicht einmal bewußt Rechenschaft ablegt und sich subjektiv für vollkommen loyal hält – in diesem Fall ist die physische Vernichtung des Künstlers wegen der Differenzen zwischen seinem persönlichen Traum und dem von Stalin, die in einer anderen Ästhetik irrational scheinen könnte, nur konsequent.

Der Sozialistische Realismus ist jener parteiliche oder kollektive Surrealismus, der sich unter der berühmten Leninschen Losung »Man muß träumen« entfaltete, und das verbindet ihn mit außersowjetischen künstlerischen Strömungen der dreißiger und vierziger Jahre. Die populäre Definition der Methode des Sozialistischen Realismus als »Darstellung des Lebens in seiner revolutionären Entwicklung«, die »national in der Form und sozialistisch im Inhalt« sei und jenen Realismus des Traums meint, hinter dessen volkstümlich-nationaler Form sich der neue sozialistische Inhalt verbirgt, ist die grandiose Vision einer von der Partei zu erbauenden Welt, eines durch den Willen des wahren Schöpfers und großen Künstlers – Stalins – zu schaffenden Gesamtkunstwerks. Realistisch zu sein, bedeutet für den Künstler in dieser Situation, die eigene Erschießung für als politisches Verbrechen gewertete Differenzen zwischen seinem persönlichen Traum und dem von Stalin zu vermeiden. Die Mimesis des Sozialistischen Realismus ist die Mimesis des Stalinschen Willens, die innere Annäherung an Stalin, die Hingabe des eigenen künstlerischen Ego an ihn im Austausch gegen den kollektiven Ertrag des gemeinsamen Projekts. Das Typische des Sozialistischen Realismus ist die anschaulich gewordene Welt des Stalinschen Traums, der Abglanz seiner Phantasie, die vielleicht nicht so reich ist wie die von Salvador Dalí – den übrigens die sowjetische Kritik der Zeit wohl als den einzigen westlichen Künstler zur Kenntnis nahm, wenn auch natürlich unter negativem Vorzeichen –, doch dafür um so folgenreicher.

Den Charakter des Typischen im Sozialistischen Realismus beleuchten auch konkrete Empfehlungen an die Künstler, wie dieses Typische aufzufinden sei. Besonders aufschlußreich dafür ist eine Rede B. Iogansons, eines der führenden bildenden Künstler der Stalinzeit aus der 2. Sitzungsperiode der Akademie der Künste der UdSSR[46], wo er versuchte, eine konkrete praktische Interpretation der theoretischen Leitsätze des Sozialistischen

Realismus zu geben. Nach einer Neuauflage der üblichen Thesen von der Parteilichkeit jeder Kunst und der Tatsache, daß »die sogenannte Theorie der reinen Kunst« den progressiven Kräften der Gesellschaft die ideologische Waffe aus der Hand schlagen« wolle, geht Ioganson zur »Leninschen Widerspiegelungstheorie« über, derzufolge »der Blick die Dinge so abbildet, wie sie sich dem Menschen darbieten, die Erkenntnis der Umwelt … aber mit gedanklicher Tätigkeit verbunden« ist, woraus folgt, daß »die Eigenart des künstlerischen Bildes als subjektiver Darstellung der objektiven Welt darin besteht, daß es die Unmittelbarkeit und Kraft der lebendigen Anschauung mit der Allgemeingültigkeit abstrakten Denkes verbindet«. Und Ioganson schließt: »Darin liegt die große Erkenntniskraft des Sozialistischen Realismus, der Unterschied zwischen dem Realismus und dem Naturalismus. Die Verabsolutierung des Details führt zu Naturalismus, zur Herabsetzung der Erkenntniskraft der Kunst.«

Diese These illustriert Ioganson mit dem folgenden Gorkij-Zitat: »Das Faktum ist noch nicht die ganze Wahrheit, es ist erst der Rohstoff, aus dem die echte Wahrheit der Kunst gewonnen, herausgezogen werden muß. Man soll das Huhn nicht mit den Federn braten; die Verbeugung vor den Fakten aber führt unweigerlich zu einer Beimischung von Zufälligem und Unwesentlichem in das Wichtige und Typische. Man muß lernen, dem Faktum die unwesentlichen Attribute auszurupfen, den Sinn aus ihm zu ziehen.« Doch beschränkt sich Ioganson nicht, wie damals üblich, auf das bloße Zitieren des »Begründers des Sozialistischen Realismus«, nach dessen Worten das »Typische« jener Doktrin das »gerupfte Huhn« ist und die Methode selbst die Prozedur des Rupfens, sondern er geht zu konkreten Empfehlungen über. »Ich kann«, sagt er »ein Beispiel für hundertprozentigen Naturalismus geben. Ein zufällig, ohne kompositionelle Absichten, ohne einen gestalterischen Willen des Fotografen aufgenommenes Farbfoto ist hundertprozentiger Naturalismus. Ein Farbfoto, das mit einer bestimmten Absicht, unter der bewußten Regie des Fotografen aufgenommen ist, zeigt schon einen reflektierten Realismus.« Und Ioganson fährt fort: »Wenn das formale Moment der Ausführung zum Grundgedanken des Künstlers in Beziehung steht, ist es ein realistisches Moment … Folglich kann man je nach Vorhandensein oder Fehlen einer künstlerischen

Absicht einen naturalistischen und einen realistischen Zugang zur Fotografie unterscheiden. Der Wille des Künstlers, die künstlerische Regie, und dies gilt vor allem für das Kino, ist dem Willen des bildenden Künstlers in der Malerei analog (Wahl der Darsteller, Maske usw.). Alles muß dem Ausdruck der Grundidee des Kunstwerks dienen.«

So stellt sich nach Jahrzehnten des blutigen Kampfes gegen den Formalismus plötzlich heraus, daß »das formale Moment der Ausführung ... ein realistisches Moment ist«. In dieser Passage führt Ioganson zweifellos die Polemik gegen die avantgardistische Kritik fort, die behauptete, die Malerei des Sozialistischen Realismus im allgemeinen und die Arbeiten Iogansons im besonderen seien nichts als Farbfotos und daher im Zeitalter der Fotografie überflüssig und anachronistisch, sie seien zu ersetzen durch die unmittelbare Arbeit mit dem »ungerupften Faktum«, das heißt mit der Fotografie. Ioganson verweist hier auf die schon oben angesprochene Naivität der Avantgarde, die die Fotografie oder das Kino für ein solches »Faktum« hält, und macht darauf aufmerksam, daß dieses Faktum schon »gerupft« ist, eine Regie erfahren hat, vom Willen des Fotografen »zurechtgestutzt« ist. Damit akzeptiert er faktisch die »formalistische« Kritik, seine Arbeiten seien nicht mehr als vergrößerte Farbfotos, doch weist er es von sich, daß sie damit ihre »schöpferischen« Qualitäten verlieren: eher noch offenbare eben die Hinwendung von der Fotografie zur Malerei den hinter der Faktizität der Fotografie verborgenen Willen des Künstlers. Der Sozialistische Realismus formuliert so ganz offen das Prinzip und die Strategie seiner Mimesis: Während er für eine »objektive«, »adäquate« Wiedergabe der äußeren Wirklichkeit eintritt, führt er doch zugleich Regie, inszeniert er diese Wirklichkeit, bzw. nimmt sie als schon von der Regie Stalins und der Partei geformt; damit überführt er den schöpferischen Akt, wie das auch die Avantgarde forderte, in die unmittelbare Wirklichkeit, macht ihn aber zugleich »realistischer« im Sinne einer reflektierten Realpolitik, die im Kontrast zum naiven Utopismus der Avantgarde steht.

Die Metapher der »Regie« und des »Theaters« ist hier keineswegs zufällig gewählt. So schreibt eine einflußreiche Kritikerin jener Zeit, N. Dmitriewa: »Der typische Held muß eine spürbare, deutlich ausgeprägte Individualität haben. Manchmal sieht es so aus, als sei nicht nur dem Betrachter, sondern auch dem Künstler selbst nicht ganz klar, was die Helden seiner Werke darstellen sollen: was sie wollen, wonach sie streben, welche Charakterzüge sie haben, was sie herführt, wie ihr Lebensweg aussieht. Ich glaube, daß unsere Künstler in dieser Hinsicht viel von der Methode K.S. Stanislawskijs lernen könnten. Stanislawskij forderte, daß selbst in Massenszenen jeder Schauspieler ein Individuum darstellen soll, daß der Schauspieler, selbst wenn er nur zwei oder drei Sätze sagen muß, eine bestimmte Individualität verkörpern soll.«[47] Die Malerei des Sozialistischen Realismus ist so in erster Linie nicht am visuellen Effekt orientiert, nicht an der Wiedergabe der »Naturschönheit«, wie der traditionelle Realismus, in ihr schwingen vielmehr unhörbar die Repliken der dargestellten Personen mit, lassen sich Schicksale ablesen, wird auf Gut und Böse verwiesen. Der mimetische Charakter der Malerei des Sozialistischen Realismus ist nur eine Illusion oder, genauer gesagt, eine weitere ideologisch motivierte Botschaft unter anderen solchen Botschaften, aus denen das Bild im Grunde besteht, denn es ist eher ein hieroglyphischer Text, den man lesen muß wie eine Ikone, wie einen Leitartikel, als tatsächlich die »Widerspiegelung« irgendeiner Realität. Die dreidimensionale visuelle Illusion des sozrealistischen Bildes zerfällt in diskrete Zeichen mit »übersinnlichem«, »abstraktem« Inhalt, es erfordert einen Betrachter, der die entsprechenden Codes kennt und das Bild nach dem Ergebnis seiner »Lektüre« beurteilt und nicht nach seiner unmittelbar visuellen Qualität, weshalb sich die Malerei des Sozialistischen Realismus, beurteilt man sie nach den traditionellen Kriterien für realistische Malerei, unweigerlich als »von mangelhafter Qualität« und schlicht als »schlecht« erweist. Für den erfahrenen Blick jedoch steht sie dem japanischen Nō-Theater an Differenziertheit nicht nach, und für den Betrachter der Stalinzeit hält sie darüber hinaus das wahrhaft ästhetische Erlebnis des Horrors bereit, denn eine falsche Chiffrierung oder Dechiffrierung konnte den Tod bedeuten. Im sowjetischen Betrachter – besonders jener Zeit – ruft das sozrealistische Bild, ungeachtet seiner zunächst ins Auge fallenden Heiterkeit und Anmut, denselben heiligen Schrecken hervor wie die Sphinx in Ödipus, der nicht wußte, welche Auslegung den Vatermord, das heißt den Mord an Stalin, und den eigenen Tod bedeuten wird. Für den heutigen Betrachter ist ein solches Bild, zum Glück, ebenso trivial wie die Sphinx, doch zeugt die Notwendigkeit, es noch immer im Keller zu lagern, davon, daß es seine frühere Zauberkraft bis heute nicht ganz verloren hat.

Die irdischen Inkarnationen des Demiurgen

Die geschilderte Radikalisierung, die die Avantgarde-Ästhetik in der Stalinzeit erfährt, erklärt natürlich nicht erschöpfend, warum sich in den dreißiger Jahren die von der Avantgarde immer abgelehnte Vorstellung von der Notwendigkeit der Kunst als eines autonomen Tätigkeitsbereichs durchsetzte: Der Eklektizismus und die totale Organisation des Lebens hätten doch anscheinend ohne ihre Verdoppelung in der Darstellung des Sozialistischen Realismus auskommen können. Doch geht es eben nicht um eine schlichte Verdoppelung: Schon in den zwanziger Jahren wird klar, daß das totale avantgardistische Projekt eine Lücke offenläßt, die es mit eigenen Kräften nicht zu schließen vermag – das irdische Bild des Initiators des gesamten Projekts. Der Avantgarde-Künstler, der sich an die Stelle Gottes gesetzt hat, ist der von ihm zu schaffenden Welt transzendent, er gehört irgendwie nicht zu ihr, hat in ihr keinen Platz, denn der Mensch ist aus der Kunst der Avantgarde verschwunden. So kommt, nicht ganz zu Unrecht, die Vermutung auf, der Avantgarde-Künstler schaffe zwar eine neue Welt, bleibe selbst jedoch der alten Welt – der Kunstgeschichte, der Tradition – verhaftet, bleibe, wie Moses, an der Schwelle des Gelobten Landes zurück. So ist der Avantgardist ungeachtet seines Strebens nach dem Neuen ein »Gestriger« und eben deshalb aus der Perspektive der Ästhetik des Sozialistischen Realismus ein »Formalist«, das heißt ein Mensch, der nur logisch, formal, ohne innere Beteiligung das Neue projektiert, »seelisch« aber im Alten verbleibt. Darum stellt der Sozialistische Realismus das »Bild des neuen Menschen« ins Zentrum, gemäß einer »Instruktion des Genossen Schdanow«: »Wir müssen den alten Adam von uns abschütteln und anfangen, so zu arbeiten, wie Marx, Engels und Lenin gearbeitet haben und wie der Genosse Stalin arbeitet.«[48]

64

Den kritischen Punkt der russischen klassischen Avantgarde hat Ja. Tugendchold schon in den zwanziger Jahren sehr scharfsinnig benannt. Er bescheinigt der linken Malerei der zwanziger Jahre eine »Hypertrophie des Analytischen und Rationalen« und stellt dann ihre Grundannahme in Frage, die lautet: der Künstler, der über Form und Farbe verfügt, die unmittelbar auf das menschliche Unbewußte einwirken, forme über die Veränderung der Umwelt des Menschen vollkommen automatisch auch dessen Psyche und Bewußtsein. Tugendchold schreibt: »Malewitsch forderte, ›die geistige Kraft des Inhalts als der grünen Welt des Fleisches und der Knochen zugehörig abzulehnen‹ … Punin legt dar, daß ›alles seelische Leben‹, aller Inhalt, ›alle Sujethaftigkeit‹ überflüssig seien, notwendig sei nur die Form. Warum? Nun, weil ›das Sein das Bewußtsein bestimmt und nicht das Bewußtsein das Sein‹. ›Form gleich Sein. Die Form/das Sein bestimmt das Bewußtsein, das heißt den Inhalt‹, schreibt Punin. ›Wir‹, ruft er aus, ›sind Monisten, wir sind Materialisten, und daher ist unsere Kunst unsere Form. Unsere Kunst ist eine Kunst der Form, weil wir proletarische Künstler sind, Künstler der kommunistischen Kultur‹.«[49]

Diesen Argumenten der »Formalisten« hält Tugendchold folgendes entgegen: »Punin hat nicht verstanden, daß, da die Form einer Epoche für alle verbindlich ist, der Unterschied zwischen der proletarischen und der nichtproletarischen Kunst nicht in der Form liegen kann, sondern nur in der *Idee* der Nutzung dieser Form. Lokomotiven und Maschinen sind bei uns dieselben wie im Westen – das ist unsere ›*Form*‹, der Unterschied aber zwischen unserer Industrie und der des Westens liegt darin, daß bei uns das Proletariat Herr über diese Lokomotiven und Maschinen ist: das ist unser ›Inhalt‹.«[50] Tugendchold argumentiert hier natürlich als typischer Mitläufer, wenn er auf die technische Rückständigkeit Rußlands verweist und auf die Vergleichbarkeit von sowjetischer und westlicher Technik – in der Folgezeit wird man solche Äußerungen als Verleumdung ansehen, als »kosmopolitische Verbeugung vor dem Westen«, und die Kultur der Stalinzeit wird Tugendchold ausstoßen, doch im Grunde formuliert er hier ihr Hauptargument.

Wenn zunächst sowohl die Avantgarde als auch der orthodoxe Marxismus an die Abhängigkeit des Bewußtseins von der materiellen Basis glaubten, so zerfiel dieser Glaube ziemlich rasch, und zwar aus zwei, wie es scheint, gegensätzlichen Gründen. Einerseits erwies sich das menschliche Bewußtsein bei weitem nicht als so flexibel, wie man gedacht hatte, als man ernsthaft davon ausging, man müsse nur die Lebensbedingungen des Menschen ändern, um automatisch auch sein Bewußtsein zu verändern, so daß sich beim Aufbau des Sozialismus, für seine Theoretiker unerwartet, das Bewußtsein des »neuen Menschen« als größtes Problem erwies. Andererseits jedoch war eben dieses Bewußtsein die einzige Grundlage und Garantie für den Aufbau des Sozialismus, denn auf der Ebene der Basis blieb Rußland weiterhin hinter dem Westen zurück, und daher konnte man vom Sozialismus, wie das Tugendchold auch tut, allein im psychologischen Sinne eines »sozialistischen Verhältnisses zur Arbeit« sprechen, das den sowjetischen Menschen auszeichne. Positiv wie negativ also würde das Schicksal des Sozialismus psychologisch entschieden; dies ist der Hintergrund des berühmten Stalinschen Losungswechsels: Nicht mehr »die Technik entscheidet alles«, sondern »die Kader entscheiden alles«.

Wie auch im übrigen Europa brachten die dreißiger Jahre in der Sowjetunion die (Wieder)Entdeckung der menschlichen Subjektivität, eine neue Romantik. Natürlich war diese Wende noch vom Leninismus eingeleitet, insbesondere von seiner Propagierung des Marxismus als der »siegreichen Ideologie des Proletariats«, die die »dekadente Ideologie der Bourgeoisie« besiegen sollte. Statt als Ideologiekritik wurde der Marxismus damit als Ideologie verkündet oder, genauer gesagt, er blieb ideologiekritisch und wurde zugleich selbst als Ideologie begriffen. Daraus entstanden solche für die Stalinzeit typischen Formulierungen wie »die Geschichte bewegt sich gemäß der siegreichen Lehre von Marx, Engels, Lenin und Stalin«; die Lehre von der materialistischen Determiniertheit der Geschichte ging ihrerseits dazu über, die Geschichte zu determinieren. Wie sagte schon Lenin: »Die Marxsche Lehre ist allmächtig, weil sie wahr ist.« In dieser Losung, die die meisten sowjetischen Städte schmückt, liegt das Wesen der von Lenin vollzogenen Wende offen zutage: Vom orthodox-marxistischen Standpunkt her ist, umgekehrt, die Marxsche Lehre wahr, weil sie siegt, das heißt, weil sie der objektiven, materialistisch fundierten Logik der Geschichte entspricht. Leninismus und Stalinismus können in dieser Hinsicht als vollkommen idealistisch gelten, und bis heute kann man in sowjetischen Lehrbüchern lesen, die Geschichte sei von großen Ideen bestimmt, von denen die größte die Marxsche Lehre von der materialistischen Determiniertheit der Geschichte sei – ein Gedanke, der selbstverständlich nur den in Verlegenheit bringt, der mit dem sowjetischen dialektischen Denken nicht ausreichend vertraut ist.

Wie auch immer, die Stalinzeit ist nicht zu begreifen ohne das berühmte Stalinsche »Das Leben ist leichter geworden, Genossen, das Leben ist heiterer geworden«. Diese Heiterkeit entsprang nicht einer praktischen Erleichterung des materiellen Lebens, sondern der Einsicht, daß es gar nicht darum geht. Die Befreiung vom »Formalismus«, vom »Maschinismus«, von der »Gleichmacherei« wurde schon an sich als Glück erlebt. Der Kampf um den Formalismus hatte zu jener Zeit auch die wichtige Konnotation: Kampf gegen die Seelenlosigkeit, gegen den bürokratischen Formalismus. Ein charakteristischer Zug der literarischen Helden der Stalinzeit ist ihre Fähigkeit zu Ruhmestaten, die menschliche Kräfte offensichtlich übersteigen – und diese Fähigkeit verdanken sie ihrer Weigerung, dem Leben »formalistisch« zu begegnen. Die Weigerung setzt sie in den Stand, allein durch die Willenskraft die Tuberkulose zu überwinden, ohne Treibhäuser tropische Gewächse in der Tundra zu züchten, mit der bloßen Kraft des Blicks den Feind zu paralysieren usw.[51] Die Stachanow-Bewegung erhöhte die Arbeitsproduktivität ohne jede Anwendung zusätzlicher Hilfsmittel, allein durch die Willensanstrengung der Arbeiter, um das mehrere Dutzendfache. Ohne jede Anwendung »formalistischer Methoden der Genetik« gelang es dem Akademiemitglied Lysenko, die eine Pflanzenart in eine völlig andere zu verwandeln usw.

Zur Losung der Zeit wurde: »Einem Bolschewiken ist nichts unmöglich.« Jeglicher Verweis auf Fakten, technische Möglichkeiten und objektive Grenzen wurde als »Kleinmut« und »mangelnde Zuversicht« behandelt, die einem wahren Stalinisten nicht anstanden. Allein durch den Einsatz des eigenen Willens konnte man, so schien es, eine beliebige, dem bürokratischen, »formalistischen« Blick unüberwindbar scheinende Schwierigkeit meistern. Beispiel eines solchen »stählernen« Willens war Stalin selbst, dem nichts unmöglich war, denn er lenkte, wie es schien, mit seinem bloßen Willen das gesamte Land. Ganze Generationen wuchsen mit dem Vorbild Pawka Kortschagins[52] oder der Maresewa[53] auf, die dank ihres Willens extreme, invaliditätsbedingte körperliche Hilflosigkeit kompensierten – zweifellos Symbole des Stalinschen Willens, der sich, trotz einer unbeweglichen Einsiedlerexistenz im Kreml, mit absoluter Stärke kundtat.

Selbstverständlich eröffneten sich der Kultur der Stalinzeit die Abgründe der menschlichen Psychologie nicht nur in ihrer »schöpferischen Potenz«, sondern auch in deren Kehrseite, in der Zerstörung. Eben noch loyale und allgemein bekannte Kommunisten erwiesen sich plötzlich als Ungeheuer, die zu von Grund auf dämonischen und durch keinerlei äußere Provokation hervorgerufenen Aktionen spontaner Bosheit und Zerstörungslust fähig waren – sie verkörperten die andere, die destruktive Seite der Avantgarde, und das Pathos der Zerstörung, mit dem sie das Alte beiseiteräumten, stand dem ihrer schöpferischen, konstruktiven Aktivitäten keineswegs nach, wie etwa die folgende Passage aus dem bereits zitierten Artikel Tretjakows bezeugt: »Der Futurismus war niemals eine Schule. Er war eine sozial-ästhetische Tendenz, das Bedürfnis einer Gruppe von Leuten, deren wichtigster Berührungspunkt nicht einmal eine positive Aufgabe war, ... sondern der Haß auf ihr ›Gestern und Heute‹, ein unermüdlicher und unerbittlicher Haß.«[54] Die für die Mythologie der Stalinzeit so wichtige Figur des »Schädlings« ist im Grunde auf keine Weise »realistisch« motiviert, genausowenig wie die übermenschliche schöpferische Potenz des »positiven Helden«. Auf den Schauprozessen der Stalinzeit wurde vorgeführt, daß äußerlich völlig normal wirkende Leute hingehen konnten, um Arbeitern Glassplitter ins Essen zu mischen, ihnen Tod und Pest auf den Hals zu schicken, Wasserspeicher zu vergiften, an öffentlichen Plätzen Gift auszulegen, Rindersterben auszulösen usw., und das in einem Maßstab, der alles menschenmögliche und mit dem Verstand zu begreifende überschreitet; sie mußten sich an mehreren, weit voneinander entfernten Orten gleichzeitig aufhalten und dort Taten von titanischer Zerstörungsgewalt vollbringen, und all das ohne die geringste technische oder organisatorische Hilfe (denn das nähme ihnen die persönliche Schuld), praktisch durch ihre bloße Willensanstrengung (denn sie waren die ganze Zeit unter Kontrolle und bei der Parteiarbeit).

Daß die Handlungen der Angeklagten mit den Mitteln menschlicher Logik nicht zu erklären waren, wurde gewöhnlich in der Anklage besonders unterstrichen, denn es zeugte von der Absolutheit und Unausrottbarkeit ihres bösen Willens und der Notwendigkeit, diesen mitsamt seinen Trägern zu vernichten. Vor den Augen des ganzen Landes öffneten sich so in der Seele gewöhnlicher, äußerlich in keiner Weise auffälliger Menschen die Abgründe einer übermenschlichen Energie, und das hatte natürlich Folgen für das Menschenbild der Gesellschaft. Besonders in der Literatur traten plötzlich dämonische Doppelgänger des Demiurgen auf und zerstörten alles, was er schuf (*Die zwei Kapitäne* von Kawerin oder *Der russische Wald* von L. Leonow). So gehören weder die positiven noch die negativen Helden der Stalinzeit der Wirklichkeit an, in der sie handeln; sie sind mit ihr nicht, wie in tatsächlich realistischer Literatur und Kunst üblich, durch ein System psychologischer Motivationen verbunden. Der Vergleich mit traditionellen Formen des realistischen Erzählens, des Theaters, des Kinos oder der realistischen Malerei führt auch hier leicht zu einer Fehleinschätzung hinsichtlich der wahren Natur der stalinistischen Kunst. Der positive und der negative Held der Stalinzeit sind die zwei Gesichter der ihr vorangegangenen demiurgischen Praxis der Avantgarde, beide übersteigen die von ihnen geschaffene und zerstörte Wirklichkeit, und auch der Kampf zwischen ihnen spielt sich nicht auf dem Boden der Wirklichkeit ab, sondern jenseits ihrer Grenzen; die Wirklichkeit ist nur der Einsatz in diesem Spiel.

Für die Darstellung dieses Zweikampfes ist in der Ästhetik der Avantgarde kein Platz, denn er vollzieht sich jenseits ihres weltumfassenden, totalen ästhetischen Projekts: Sowohl die kreative als auch die destruktive Seite der Avantgarde (letztere ganz deutlich in Burljuks Versen »Alle sind jung, jung, jung, im Bauch ein *teuflischer* Hunger« [Hervorhebung, B.Gr.] und dem anschließenden Aufruf, die ganze Welt zu verschlingen)[55] bewegen sich in einem Raum, der der heutigen und zukünftigen Welt transzendent und daher nach gewöhnlichen weltlichen Kriterien vollkommen irrational ist. Die Wucht der Zerstörung der alten Welt, die dämonische Energie der avantgardistischen Provokation beziehen ihre Kräfte nicht aus irdischen Leidenschaften, sondern aus einem absoluten, transzendenten Ereignis – aus dem Tod Gottes oder, genauer, aus dem Mord an Gott –, und aus derselben Quelle fließt die übermenschliche schöpferische Energie der Avantgarde. In dem Moment, wo die Parteiführung und die reale Figur des »neuen Menschen und Umgestalters der Erde« den Platz des Avantgarde-Künstlers einnimmt, wird der Mythos der Avantgarde selbst zum Gegenstand künstlerischer Darstellung, und die Figur des avantgardistischen Demiurgen zerfällt in den Göttlichen Kreator und seinen dämonischen Doppelgänger: in Stalin und Trotzkij, den »positiven Helden« und den »Schädling«.

Hieraus erklärt sich sowohl die Renaissance der autonomen Kunst in der Stalinzeit als auch deren quasi-mimetischer Charakter: Diese Kunst will den Kampf um das Schicksal der Welt und seine Protagonisten zeigen, sie macht etwas sichtbar, was die »materialistische Kunst« der Avantgarde ausspart, denn die Avantgarde hat nicht begriffen, daß nicht die »Produktionsmittel« alles entscheiden, sondern die Art ihres Einsatzes, die »Einstellung zu ihnen«. Die Kunst des Sozialistischen Realismus ist daher nicht realistisch im traditionellen Sinn des Wortes, sie bildet nicht innerweltliche Ereignisse in ihren innerweltlichen Bezügen und Motiven ab, sondern sie ist hagiographisch, dämonologisch, das heißt, sie beschreibt außerirdische, der Welt transzendente Ereignisse und deren irdische Folgen. Nicht umsonst spricht daher die Ästhetik des Sozialistischen Realismus nicht von der »Darstellung« des positiven oder negativen Helden, sondern von seiner »Inkarnation mit den Mitteln der Kunst«. Ursprünglich haben also der positive und der negative Held kein Äußeres, denn sie sind Ausdruck transzendenter, demiurgischer Kräfte; um diese jedoch auf eine »dem Volk verständliche« Weise vorzuführen (hier sind unter dem Volk die Sterblichen, zu jenseitiger Wesensschau Unfähigen zu verstehen und auf keinen Fall die Interessen irgendwelcher realen Kunstkonsumenten), müssen sie symbolisiert, inkarniert, in Szene gesetzt werden. Hier hat die Sorge um die Glaubwürdigkeit ihre Wurzeln, die in der Ästhetik des Sozialistischen Realismus immer wieder geäußert wird. Um nicht mit ihrem wahren Antlitz zu erschrecken, sollen die Helden, wie schon in einigen Zitaten belegt, in allem wirklichen Menschen gleichen, und daher denken sich die Schriftsteller und Künstler des Sozialistischen Realismus beständig und mit großem Eifer Biographien, Gewohnheiten, Kleider, ein Äußeres für sie aus, geradeso wie es ein Planungsbüro in einer anderen Galaxis täte, wenn es eine Reise auf die Erde vorzubereiten hätte und seine Abgesandten möglichst anthropomorph gestalten wollte, obwohl ihnen die jenseitige Leere aus allen Knopflöchern scheint.

Diese Selbstinszenierung des Demiurgen ist auch für andere künstlerische Strömungen der dreißiger und vierziger Jahre charakteristisch – vor allem für den Surrealismus, der, ebenso wie die Kunst Nazi-Deutschlands, mit dem Sozialistischen Realismus sehr viel gemeinsam hat. Was den Surrealismus oder Magischen Realismus von den totalitären Kunstformen ihrer Zeit unterscheidet, ist nur der »individuelle« Charakter ihrer Inszenierungen, sie bleiben im Rahmen der »Kunst«, während in Deutschland oder Rußland das Prädikat des Surrealisten auf den politischen Führer überging. Im übrigen erweist sich die Nähe dieser Strömungen auch daran, daß eine Reihe französischer Surrealisten ins Lager des Sozialistischen Realismus oder des Faschismus wechselten, daß Salvador Dalí großes Interesse für die Figuren Lenins, Stalins, Hitlers zeigte.

Über die Nähe des Sozialistischen Realismus zur rituellen, sakralen Kunst der Vergangeheit, über den theatralisch-magischen Charakter seiner künstlerischen Praxis, darüber, daß er Formen »primitiven Denkens«, wie sie Lévi-Bruhl beschreibt, aktualisierte und zugleich das Erbe der mittelalterlichen kirchlichen – westlichen und russischen – Prototypen antrat, ist in letzter Zeit viel veröffentlicht worden, und diese Publikationen, unter denen besonders V. Papernyjs *Die Kultur ›Zwei‹*[56] und K. Clarks *Der sowjetische Roman: Geschichte als Ritual* hervorzuheben sind, enthalten viele wertvolle Beobachtungen und scharfe Analysen, die für die Stalinzeit das Funktionieren jener sakralen Archetypen beschreiben, die man aus Untersuchungen zu anderen religiös orientierten Epochen kennt. Doch stellen all diese Untersuchungen niemals wirklich die Frage nach den Gründen, die zum Aufkommen dieses Typs von quasi-sakraler Kunst zu dieser Zeit und an diesem Ort geführt haben, oder, genauer, sie beantworten diese Frage in üblicher Soziologenmanier mit dem Hinweis auf den »Rückfall« der russischen Kultur in einen »ursprünglichen Zustand«, in die »reine Folklore«, und ohne die ins Auge springenden Parallelen zu synchronen kulturellen Entwicklungen in anderen Ländern zu betrachten. Der

Grund dafür liegt in der bereits erwähnten Annahme, die Kultur der Stalinzeit falle völlig aus dem gesamten historischen Prozeß heraus, eine Unterstellung, die, wie schon gesagt, die unbewußte Faszination durch die entsprechenden Ambitionen dieser Kultur selbst bei ihr gegenüber negativ eingestellten Forschern zeigt.

Die Unfähigkeit, den historischen Ort der Kultur der Stalinzeit zu bestimmen, und dies selbst bei durchaus adäquater Beschreibung ihrer Mechanismen, erklärt sich vor allem durch die Überbewertung der Rationalität, der Technikorientierung und des Materialismus bei der ihr vorangegangenen Avantgarde. Wenn sich das künstlerische Projekt der Avantgarde auch als rationalistisches, utilitaristisches, konstruktives und in diesem Sinne »aufklärerisches« formierte, so lag doch seine Quelle, wie auch die Quelle des Willens, die vorhandene Welt zu vernichten und der Umsetzung des Projekts den Weg zu ebnen, in einer mystischen, transzendenten, wenn man so will sakralen Sphäre und war in diesem Sinne völlig »irrational«. Der Avantgardekünstler glaubte, das Wissen um den Mord an Gott bzw. seine Mittäterschaft daran gebe ihm eine demiurgische, magische Macht über die Welt; er war davon überzeugt, dieses Über-die-Grenzen-der-Welt-Hinausgehen erlaube ihm, die Gesetze zu entdecken, die die kosmischen und sozialen Kräfte steuern; er war gewillt, sich diese Kräfte wie ein Ingenieur zunutze zu machen, den Verfall der Welt zu stoppen, ihr mit den Mitteln künstlerischer Technik eine ewige und ideale, zumindest aber eine dem jeweiligen historischen Moment entsprechende Form zu geben und so sich selbst und die Welt neu zu schaffen: All dies bezieht sich zweifellos auf eine völlig andere, mystische Erfahrung als auf den reinen Utilitarismus der Form und die Durchsichtigkeit der Konstruktion, auf die man die Avantgarde gewöhnlich reduziert, weil man sie entweder im musealen oder im designerischen Kontext betrachtet. Das von Chlebnikow, Krutschjenych und Malewitsch in Koproduktion verfaßte Mysterium *Der Sieg über die Sonne*[57], in dem zum erstenmal das Schwarze Quadrat auftaucht, rekonstruiert das Ereignis des »Mordes an der Sonne« und den Eintritt einer mystischen Nacht, in der dann die künstliche Sonne einer neuen Kultur, einer neuen technischen Welt entzündet wird. Der Avantgarde selbst war die sakrale Bedeutung ihrer Praxis voll bewußt[58], und der Sozialistische Realismus hat dieses Wissen bewahrt. Sein sakraler Ritualismus, seine Hagiographie und seine Dämonologie beschreiben und invozieren die demiurgische Praxis der Avantgarde. Dabei handelt es sich nicht um einen Rückfall ins Primitive und nicht um eine Stilisierung, sondern um die Aneignung der verborgenen mystischen Erfahrung der künstlerischen Vorgänger durch die politische Macht. Die Analogie mit der Geschichte der Kirche ist hier insofern produktiv, als diese Analogie (der »Tod des christlichen Gottes«) selbst zur Kirchengeschichte des Christentums gehört und nicht bloß auf die künstliche Stilisierung auf frühere Vorbilder hin zurückgeht. Bei aller Bereitschaft, die Vergangenheit zu zitieren, war die Kultur der Stalinzeit doch nicht stilisierend, sie griff die Erfahrung der Vergangenheit auf eine distanzierende Weise auf, verstand sie unhistorisch, »falsch«, und versetzte sie in den Kontext der eigenen, posthistorischen Existenz.

Ende der zwanziger und in den dreißiger Jahren hat die sowjetische Kunst- und Literaturkritik wiederholt auf die Notwendigkeit verwiesen, zu traditionellen Formen der Kunst zurückzukehren und sie zur »Inkarnation des neuen Menschen«, des Übermenschen, des Demiurgen zu nutzen. Charakteristisch in diesem Zusammenhang ist eine Äußerung von Tugendchold, der die Wende zum realistischen Bild Mitte der zwanziger Jahre mit dem Tod Lenins in Beziehung bringt: »Nach dem Tod Lenins fühlten alle, daß etwas vorbei war, daß man jetzt alle ›Ismen‹ vergessen und sein Bild für die Nachwelt erhalten müsse. Der Wunsch, Lenin zu bewahren, einte alle Strömungen ...«[59] Die Person Lenins erweist sich somit als wichtiger als der Leninismus, wichtiger als sein Werk; das Zentrum der Aufmerksamkeit verschiebt sich vom Projekt auf den Projektplaner.

Der Leninkult spielte eine bedeutende Rolle für die politische Legitimation Stalins und für die Begründung der Ästhetik des Sozialistischen Realismus, denn Lenin war noch vor Stalin zum »Vorbild« des neuen Menschen und zum »menschlichsten aller Menschen« erklärt worden. Die noch heute die Straßen sowjetischer Städte schmückende Losung »Lenin ist lebendiger als alle Lebenden« (übrigens ein Majakowskij-Zitat) steht keineswegs in Widerspruch zum Leninkult im Mausoleum. Ohne den Anspruch auf eine erschöpfende Deutung dieses Kults – eines der widersprüchlichsten in der Weltgeschichte der Religion – zu erheben, möchte ich einige Worte über ihn sagen. Sicherlich hat er untergründig prägenden Einfluß auf die gesamte sowjetische Kultur der Stalin- und Nachstalinzeit, und sei es nur dank seiner zentralen Stellung in der unsichtbaren sakralen Hierarchie: Vor dem Leninmausoleum gibt zweimal im Jahr auf Paraden und Demonstrationen »das ganze Sowjetland seinen Rechenschaftsbericht« ab, und die ihn entgegennehmen, stehen auf dem Dach des Mausoleums und symbolisieren ihre Macht noch immer mit der darin verborgenen Mumie Lenins.

Die Errichtung des Leninmausoleums auf dem Roten Platz und die Begründung des Leninkults stießen seinerzeit unter traditionell denkenden Marxisten und Vertretern der linken Kunst auf heftigen Protest. Man sprach von »asiatischen Bräuchen« und »barbarischen Ritualen, die eines Marxisten unwürdig sind«. Der LEF bezeichnete das erste provisorische Mausoleum, das später leicht zum Schlichten hin verändert wurde, als »wortgetreue Übersetzung aus dem Alt-Persischen« und verwies damit auf die Ähnlichkeit der ersten Mausoleumsvariante zum Grabmal des persischen Königs Kyros in der Nähe der persischen Stadt Mugraba. Solche Kritik ist heute natürlich nicht mehr denkbar, und das nicht nur, weil das Mausoleum zum »Heiligtum« jedes »sowjetischen Menschen« erklärt wurde, sondern auch, weil man sich längst daran gewöhnt hat.

Die Kritik des LEF, die im Leninmausoleum nur die Analogie zu altasiatischen Grabstätten sah, war wieder einmal blind für die Originalität der vor ihren Augen entstehenden Kultur der Stalinzeit. Die Mumien der Pharaonen und anderer Herrscher des Altertums wurden in Pyramiden eingemauert und vor den Augen der Sterblichen verborgen, und das Aufbrechen einer solchen Grabstätte galt als frevelhafte Entweihung. Die Mumie Lenins dagegen wird wie ein Kunstwerk zur allgemeinen Betrachtung ausgestellt, und das Leninmausoleum ist das zweifellos meistbesuchte Museum der Sowjetunion; seit einigen Jahrzehnten schon zieht sich vor ihm fast ununterbrochen eine ziemlich lange Warteschlange hin. Während zur selben Zeit die Bewegung der »kämpferischen Atheisten« die Reliquien der russischen Heiligen ausgrub und sie zum Zwecke antireligiöser Propaganda in pseudomusealen Ausstellungen zeigte, war Lenin von Anfang an vergraben und ausgestellt zugleich. Das Leninmausoleum ist eine Synthese aus Pyramide und Museum, es zeigt den Leib Lenins, seine irdische Hülle, als hätte er sie abgeworfen, um unmittelbar in den Aufbau des Kommunismus einzugehen, um das sowjetische Volk von innen her »zu Heldentaten zu inspirieren«.

Während Mumien traditionell in bestimmter Weise gekleidet wurden, um den Übergang des Menschen in eine andere Welt, ins Reich der Toten zu markieren, hat man das Äußere Lenins bezeichnenderweise bis ins kleinste Detail »realistisch« rekonstruiert, man hat ihn so wiederhergestellt, wie er »wirklich« war (was man heute oft tut, *bevor* man den Leichnam der Erde übergibt; dies zeugt vom universalen Charakter jener Art von Religiosität, die sich im Leninmausoleum niederschlägt). Während man früher den Leib eines Verstorbenen in seiner absoluten Andersartigkeit, in seiner Zugehörigkeit zu einer anderen, »alternativen« Welt wahrnahm und – im Judentum wie im Christentum – auf seine Auferstehung hoffte, so wird der Körper Lenins eben wegen der Unwiderruflichkeit der Trennung von seinem Träger verehrt, anders gesagt eben darum, weil ihm von nun an keinerlei geistige Realität mehr entspricht. Der Leib Lenins wird in diesem Sinne als Zeichen dessen verehrt und ausgestellt, daß er endgültig verlassen, nur noch Hülle ist, und daß daher sein Geist, seine »Sache«, vollkommen frei ist zur Neu-Inkarnation in nachrückenden sowjetischen Führern. Der Sinn des zur Schau gestellten toten Körpers, der sich nicht verändert hat und verändern kann, sondern so bleibt, »wie er im Moment des Todes hätte sein können«, liegt darin zu beweisen, daß Lenin wirklich, unwiderruflich und endgültig tot ist, daß er niemals auferstehen wird und daß kein Appell an ihn in irgendeinem Sinne mehr möglich ist – es sei denn über seine Nachfolger, die jetzt auf seinem Mausoleum stehen. Das Herausnehmen des Stalinschen Leichnams aus dem Mausoleum und seine Beerdigung markieren, so betrachtet, die Unfähigkeit der Kultur, seinen Tod endgültig anzuerkennen und seinen Geist für weitere Verkörperungen freizugeben (es ist kein Zufall, daß Jewtuschenko im Zusammenhang mit dem Verlegen des Leichnams sein Gedicht *Die Erben Stalins* schrieb und darin die Angst vor der Fortführung der Sache Stalins ausdrückte).

Die »Unsterblichkeit des Menschen in seinen Werken« und das Übergehen seines Geistes auf die Erben ist ein Dauerthema der sowjetischen Kultur und findet beispielsweise in der zur Stalinzeit verbreiteten Losung »Stalin ist der Lenin unserer Tage« deutlichen Ausdruck. Das unwiderrufliche Ende der autonomen Existenz Lenins, seines Lebes außerhalb und ungeachtet seines »Werks«, bestätigte so die totale Macht Stalins, die selbst in einer transzendenten Welt von niemandes Gegenwart eingeschränkt, durch keine Auferstehung und kein Jüngstes Gericht in Frage gestellt werden kann. Lenins Mumie kann darüber hinaus als Modell für die »Verkörperung« des Helden im Sozialistischen Realismus angesehen werden – die äußere »menschliche« Hülle ist hier tatsächlich nur eine Hülle, eine Larve, die die demiurgischen und dialektischen Kräfte der Geschichte überziehen, um erscheinen und später die eine Hülle gegen eine andere austauschen zu können. Post factum wird Lenin also die Rolle des wahren Demiurgen seiner Zeit zuerkannt, und nicht der Avantgarde, die Anspruch auf diese Rolle erhob. Allerdings hat die »linke Kunst« hierzu selbst beigetragen: Man erinnere sich nur an Majakowskijs Verse, in denen Lenin wie ein Heiliger wirkt, oder an die Aufsatzsammlung der OPOJAZ-Formalisten Schklowskij, Tynjanow, Ejchenbaum u. a., die in einer Analyse des Leninschen *Stils* in Lenin, wenn man die Strenge ihrer Kriterien bedenkt, tatsächlich den Künstler, den Schöpfer sehen.[60]

Während jedoch Lenin nachträglich sakralisiert wurde, gab das Bild Stalins in der Kunst – Stalin als der wahre neue Mensch, als das Vorbild für jeden Erbauer des Sozialismus, als der eigentliche Schöpfer des neuen Lebens – ihm selbst die Möglichkeit, im selbstgeschaffenen Kunstwerk das eigene Abbild zu sehen, denn der Porträtist als neuer sowjetischer Mensch war nur als »vom Stalinschen Geist inspiriert«, von Stalin mitgeschaffen vorstellbar: Die Stalinporträts (als höchste Errungenschaften des Sozialistischen Realismus) sind in diesem Sinne Abbilder des Demiurgen in sich selbst – die letzte Etappe im dialektischen Prozeß. So hat man die berühmte Stalinsche Forderung an die Schriftsteller zu verstehen: »Schreibt die Wahrheit!« Gemeint ist dabei, wie schon gesagt, nicht die statistische Wahrheit, sondern die innere Wahrheit des Künstlerherzens, seine Liebe zu Stalin und sein Glaube an ihn. Das Pathos der Stalinzeit ist darum vor allem ein Pathos der Aufrichtigkeit, der Unmittelbarkeit, und steht in absolutem Kontrast zum »Formalismus« der Avantgarde mit ihren »Kunstgriffen«, die man als unaufrichtige Finten auffaßte, mit ihrer »Leere des Herzens«, mit ihrer Kälte und ihrer Härte. Der Künstler der Stalinzeit ist ein Medium, das spontan preist und verflucht, wie das Herz es befiehlt. Schon aufgrund dieses spontanen Zeugnisses urteilte die Macht über der Herz des Künstlers, und selbst wenn die Diagnose negativ war und der Patient nicht zu kurieren, traf die Schuld nicht den Künstler, sondern die zuständige Parteizelle, die ihn nicht richtig erzogen hat, die sich eine »Unregelmäßigkeit erlaubt hat, die Ausschuß produziert hat« in ihrer ideologischen Arbeit. Der Künstler selbst dagegen genoß eine gewisse Achtung, er galt als »ehrlicher Feind« und diente als positives Beispiel für den »unaufrichtigen«, feigen Formalisten, an den der Aufruf erging, »sein wahres Gesicht zu zeigen« und sich endlich in würdiger Weise liquidieren zu lassen.

Diese ausgeprägte Romantik der Kultur der Stalinzeit, die sich das Herz des Künstlers entweder von göttlichem Verlangen nach dem Guten und von der Dankbarkeit für seinen Schöpfer Stalin ergriffen oder in den verderblichen Bann des »Schädlings« geraten vorstellt, entwickelte ganz natürlich einen Kult der Liebe als einer Art »innerer Utopie«, die die äußerliche mechanische Utopie der Avantgarde ablöste. Zu den Lieblingshelden der Stalinzeit wurden Romeo und Julia oder Carmen – ganz nach dem berühmten Stalinschen Diktum über eine der romantischen Erzählungen Gorkijs: »Dieses Stück ist stärker als Goethes ›Faust‹. Die Liebe besiegt den Tod.« Der Avantgarde-Künstler hielt es für ausreichend, die Welt wie eine Maschine zu bauen, damit sie sich bewege und zu leben beginne, Stalin dagegen begreift, daß der Maschine zum Lebendigwerden die Liebe zu ihrem Schöpfer eingehaucht werden muß – nur dann wird der Tod besiegt werden und der von Stalin geschaffene Mensch sich mit seinem Schöpfer in einer Unio mystica vereinen, ihm seinen individuellen Willen hingeben, um seinen, des Schöpfers, Willen zu erfüllen.

Der augenscheinliche »Byzantinismus« der Kultur der Stalinzeit, ihre Sättigung mit christlicher Symbolik wurde oft nur als Folge der theologischen Ausbildung Stalins und der frustrierten, notgedrungen auf ein neues Objekt gelenkten traditionellen Religiosität des russischen Volks betrachtet. Diese oberflächlich soziologischen Erklärungen können jedoch nicht befriedigen. Das Sich-selbst-an-den-Platz-Gottes-Setzen, die Rekonstruktion und Neuinterpretation des Mythos vom göttlichen Künstler, der dem »Leben« Form gibt und dabei den »Widerstand der Materie« bricht – all das sind die verborgenen Mythologeme der Avantgarde, dank derer sie zu einem vorrangig religiösen, mystischen und keineswegs, wie es auf den ersten Blick scheinen könnte, technisch-rationalistisch bedeutsamen Ereignis wurde; diese Mythologeme nun kommen in der Stalinzeit an die Oberfläche. Die Figur des Demiurgen hat sich dabei in das unendlich gütige »Väterchen« Lenin und den unendlich bösen »Schädling« Trotzkij gespalten, und bezeichenderweise hat auch Stalin selbst bei allem unbezweifelbaren Großmut eine ganze Reihe dämonischer Attribute: Er arbeitet vor allem nachts, wenn »normale Leute« schlafen, sein langes Schweigen hat etwas Furchteinflößendes, und seine unerwartete Einmischung in Diskussionen oder alltägliche Dinge trägt oft den Charakter zweideutiger Provokation[61]; so bewahrt er sich das volle Maß aufrichtiger Achtung und sakralen Schreckens.

Der neue Kult des schillernden »dialektischen Demiurgen«, der den traditionellen, auf seiner Selbstidentität und dem einst verkörperten Gott beharrenden christlichen Kult abgelöst hat, vollendet vielleicht den wichtigsten schöpferischen Impuls der Avantgarde – das Hervorheben des Überindividuellen, Überpersönlichen und Kollektiven in der Kunst, die Überwindung der irdischen, sterblichen »schöpferischen Individualität«. Obwohl jeder der Avantgardekünstler von seinem Projekt als einem außerpersönlichen, von allen Zufälligkeiten der »Natur« des Künstlers und seinen individuellen spontanen Reaktionen gereinigten Unternehmen sprach, blieben diese Projekte doch höchst individuell, denn allein der Anspruch, das eigene Projekt stehe in Opposition zum »automatisierten Leben« – das für die Avantgarde typische Beharren auf der eigenen Neuheit und Originalität –, widersprach diesem Verlangen nach Universalität in ganz offenkundiger Weise. Hier zeigt sich wieder einmal, daß das Resultat der Reduktion – wie radikal diese auch sei – davon abhängt, *was* reduziert wird, vom Kontext des avantgardistischen Projektierens. Jeden Akt der Reduktion deklarierte die Avantgarde als den letzten, auf Null reduzierenden, jede weitere Reduktion ausschließenden, als die einzige und endgültige Umsetzung des ambivalenten, zerstörerisch/schöpferischen demiurgischen Prinzips – und trotzdem zeigte sich immer wieder, daß eine weitere Reduktion möglich ist und sich die Avantgarde so in ein Ritual verwandelt hat, das seinen rituellen Charakter verleugnet, das blind ist für den eigenen inneren Mechanismus.

Dagegen hat der Sozialistische Realismus, der ganz romantisch auf der Individualität und Spontaneität des Künstlers besteht, sehr schnell die volle Unifizierung des kulturellen Lebens erreicht, denn er einte alle Herzen in der gemeinsamen Liebe zu Stalin und im gemeinsamen Zittern vor ihm. Nachdem man im Individuum überindividuelle Schichten der Kreativität und des Dämonischen gefunden hatte, waren die Individualität und zusammen mit ihr der klassische Realismus oder der »Naturalismus« von innen heraus und in gewissem Sinne endgültig zerstört. Die Kunst der Stalinzeit ist beinahe monolithisch; besonders in den letzten Jahren wurden große, vielfigurige Kompositionen und auch große Architekturvorhaben oft in »Brigaden-Methode« geschaffen. Auch die literarischen Texte wurden von den Schriftstellern so oft gemäß den verschiedensten Beeinflussungen umgeschrieben, daß jede individuelle Autorschaft verlorenging. Entsprechend sank die Bedeutung der Museen, gegen die sich die Avantgarde so hartnäckig gewehrt hatte und deren Fonds sie dabei lediglich füllte, auf Null: Ins Zentrum der Kunst der Stalinzeit rückten Architektur und Monumentalkunst, wie das die Avantgarde auch gefordert hatte, wobei das Tafelbild, um dessen Wiedereinsetzung willen die Avantgarde vernichtet wurde, nahezu verschwand. Selbstverständlich konnten all diese Erwägungen die Künstler, Schriftsteller und Kritiker der Avantgarde wenig trösten, selbstverständlich lag ihnen, was sie auch reden mochten, an individueller Anerkennung, wie das bis dahin bei allen »Künstlern« war und offensichtlich auch bleiben wird. Wenn Malewitsch auch in einen suprematistischen Sarg gelegt wurde, so wurde er doch anschließend ganz traditionell der Erde übergeben, womit er die tatsächliche Bewegungslinie des Suprematismus in dieser letzten suprematistischen Konstruktion beschrieb – aus Staub zu Staub, wie bei Salomon. Der Staub Lenins aber ist noch immer nicht der Erde übergeben und behauptet noch immer, trotz seiner »traditionellen« Aufmachung, die Unpersönlichkeit und Universalität der »Sache« seines zeitlichen Trägers. Schwer zu sagen, wen man um seine Form der Unsterblichkeit mehr beneiden soll.

Die gewöhnlich unterstellte strenge Dichotomie von Avantgarde und Sozialistischem Realismus erweist sich so bei näherem Hinsehen bloß als Resultat dessen, daß beide aus einer falschen Perspektive betrachtet werden, die beide bekämpft haben – aus der Perspektive des Museums, das zudem zum Symbol des wahren Glaubens und der ethischen Approbation gemacht wurde. Im Hinblick auf das Hauptziel der Avantgarde, eben die Überwindung des Museums, den unmittelbaren Eintritt der Kunst ins Leben, erweist sich der Sozialistische Realismus gleichermaßen als Vollendung und Reflexion des Demiurgenkults der Avantgarde.

Die Avantgarde und der Sozialistische Realismus, unter dem hier die Kunst der Stalinzeit verstanden wird, treffen sich auch in der Motivation und dem Ziel, die Kunst ins Leben expandieren zu lassen, die Ganzheit der vom Eindringen der Technik zerstörten Göttlichen Welt mit den Mitteln der Technik wiederherzustellen, den technischen und überhaupt den historischen Prozeß anzuhalten, die Zeit zu überwinden, in die Ewigkeit einzugehen. Die Avantgarde wie der Sozialistische Realismus sehen sich in einer kompensatorischen Funktion, als Alternative zur »bourgeoisen individualistischen Dekadenz«, die hilflos vor dem Zerfall des sozialen und kosmischen Ganzen steht.

Nach dem Zerfall des Göttlichen Logos, der Welt der (vom Gott-Künstler auf das materielle Chaos aufzulegenden, in besten thomistischen Traditionen verstandenen) Göttlichen Formen, glaubte Malewitsch, er habe mit dem *Schwarzen Quadrat* die Vision der reinen, nach Aristoteles mit dem Nichts identischen Materialität der Welt erreicht. Der Konstruktivismus erhob die Forderung, sich an die Stelle des vom Fortschritt gemordeten Gottes zu setzen und diesem Chaos eine neue Form zu geben. Selbst in ihrer radikalsten Variante, im LEF, im Produktionismus, bewahrte die russische Avantgarde allerdings den Glauben an die Dichotomie des Künstlerischen, Organisierten, Gemachten und des Nichtkünstlerischen, Unmittelbaren, Alltäglichen, »Materialen« im Wort und im Bild. Infolge dieses Irrtums verwechselt sie in ihrer Praxis die Arbeit mit der Wirklichkeit mit der Arbeit an deren Abbild in den Massenmedien (etwa dem Zeitungsartikel oder der Fotografie); diese jedoch waren schon längst von der Macht manipuliert und damit, modern gesagt, zum Simulacrum der Realität geworden.

Die Kultur der Stalinzeit machte ganz offen gerade das Primäre, Unmittelbare zum Wirkungsfeld der künstlerischen Organisation, sie stützte sich dabei auf die entsprechenden Manipulationserfahrungen der Partei, die auf sozialem Gebiet schon immer so operiert hatte; gleichzeitig thematisierte sie in der autonomen künstlerischen Tätigkeit die Figur des Demiurgen, des Schöpfers der neuen Wirklichkeit selbst, was der Avantgarde mit ihren künstlerischen Mitteln unmöglich war. In dieser reflektierenden Funktion steht die Kunst des Sozialistischen Realismus neben anderen Strömungen, die die Mechanismen der Kreativität und des Dämonischen bei der Avantgarde auf der psychologischen Ebene aufgedeckt haben – neben dem Surrealismus, dem Magischen Realismus, der Kunst Nazi-Deutschlands. Nachdem die Kultur der Stalinzeit den historischen Rahmen der Avantgarde überschritten und die Opposition zwischen Künstlerischem und Nicht-Künstlerischem, Traditionellem und Neuem, Konstruktivem und Alltäglichem (oder Kitsch) aufgehoben hatte, beanspruchte sie, ebenso wie das nazistische Deutschland, für sich die Errichtung eines neuen, ewigen Reiches jenseits der menschlichen Geschichte, eines apokalyptischen Reiches, das endgültig alles Positive aus der Vergangenheit in sich aufnehmen und alles Negative abwerfen würde. Dieser Anspruch, das utopische Projekt der Avantgarde mit nicht-avantgardistischen, traditionalistischen, »realistischen« Mitteln umzusetzen, bildet den Kern dieser Kultur und kann deshalb nicht als Pose abgetan werden. Das lebenerbauende Pathos der Stalinzeit läßt sich nicht als reine Regression in die Vergangenheit deuten, es besteht im Gegenteil darauf, die absolute apokalyptische Zukunft zu verkörpern, in der selbst die Unterscheidung zwischen Zukunft und Vergangenheit ihren Sinn verliert.

In welch hohem Maße sich die Theoretiker der Kultur der Stalinzeit über die Logik ihres Funktionierens Rechenschaft ablegten, zeigt hinreichend deutlich ihre Kritik an der weiteren Evolution der avantgardistischen Kunst im Westen. So beurteilt L. Rejngardt in der ultraoffiziösen Zeitschrift »Iskusstvo/Kunst« den westlichen Avantgardismus nach dem Zweiten Weltrieg als »neuen Akademismus«, als internationalen Stil, der dem Internationalismus der großen – vor allem amerikanischen – Konzerne entspreche, und führt aus: »Die Anerkennung der neuesten

künstlerischen Strömungen seitens der Bourgeoisie ist das Todes-
urteil der zeitgenössischen westlichen Kunst. Als sie aufkam,
versuchte sie, auf dem Gefühl des gesellschaftlichen Hasses auf
die veraltete Lebensordnung zu spielen ... Inzwischen hat das
Opposition-Spielen gegenüber der offiziellen Kunst jegliche
Berechtigung verloren. Das gebildete Kleinbürgertum hat den
verlorenen Sohn mit offenen Armen aufgenommen. Formalistische Strömungen werden zur offiziellen Kunst der Wall Street ...
Zahllose Werbefirmen und Spekulanten zerstören und schaffen
Reputationen, finanzieren neue Strömungen, steuern den Geschmack des Publikums oder, besser gesagt, seinen Mangel an
Geschmack« – nicht wenige zeitgenössische Vertreter der Postmoderne, die gegen die avantgardistische »Kunst der Konzerne«[62]
ankämpfen, würden diese Worte unterschreiben.[63]

Die Hellsichtigkeit des sowjetischen Kritikers gründet in seiner tiefen Überzeugung, die sowjetische Kunst des Sozialistischen Realismus habe sich in anderen, der Zeit angemesseneren
Formen jenen modernen, lebendigen, weltschaffenden Impuls
erhalten, den der Modernismus schon lange verloren hat; der
Modernismus habe sich in die Sackgasse des Akademismus bege-
ben und an seinen Erbfeind, den bürgerlichen Käufer, verkauft.
Die Freiheit der sowjetischen Kunst steht für Rejngardt höher als
die Pseudofreiheit des westlichen Marktes, es ist die Freiheit, für
den Staat zu arbeiten, ohne sich nach dem Geschmack des Volkes
zu richten, und dabei einen neuen Menschen und folglich ein
neues Volk hervorzubringen. Das höchste Ziel der Errichtung
des Sozialismus ist so ein ästhetisches, und der Sozialismus
begreift sich als die höchste Form des Schönen[64]; formuliert aber
wird dieses Ziel in der Kultur der Stalinzeit mit wenigen Ausnah-
men ethisch und politisch. Die Kultur der Stalinzeit mußte, um
ästhetisch wirklich begriffen werden zu können, erst scheitern,
Vergangenheit werden.

3
Die postutopische Kunst:
Vom Mythos zur Mythologie

Den Stalinismus als ästhetisches Phänomen, als Gesamtkunstwerk zu beschreiben wäre nicht möglich, begriffe man nicht die inoffizielle oder halboffizielle Kultur der Sowjetunion der siebziger und achtziger Jahre als die Rezeption dieses Gesamtkunstwerks. Diese ist gewissermaßen die Vollendung des Stalinschen Projekts, sie legt dessen innere Struktur offen, reflektiert es und macht es damit zum erstenmal wirklich faßbar. Der retrospektive Charakter der in den siebziger und achtziger Jahren eingenommenen Perspektive ist für die Kultur der Stalinzeit nicht etwas Äußerliches; er markiert nicht einfach eine Folgeetappe in der Geschichte der russischen Kultur, sondern ist Voraussetzung für ein angemessenes, aus der immanenten Logik des Stalinschen Projekts selbst hervorgehendes Verständnis seiner wahren Natur.

Nach dem Tod Stalins im Jahr 1953 und dem Einsetzen der – wie man im Westen sagt – »Entstalinisierung« bzw. – mit dem sowjetischen Ausdruck – des »Kampfes mit den Folgen des Persönlichkeitskults« wurde offenbar, daß die Vollendung der Weltgeschichte und die Schaffung eines zeitlosen tausendjährigen apokalyptischen Reiches in der Stalinepoche eine Kette scheußlicher Verbrechen waren, die das Land demoralisiert hatten, und obendrein die Verbreitung von Unwissenheit und Vorurteilen, die es in kultureller Hinsicht um Jahrzehnte zurückgeworfen haben. Die Barrikaden gegen den bourgeoisen Fortschritt, die das Land gegen den Strom historischer Veränderungen hatten schützen sollen, bröckelten ab – das Land wollte zurück in die Geschichte. Es dauerte ziemlich lange, bis man begriff, daß es den Ort nicht gab, an den man hätte zurückkehren können: Die Geschichte selbst war unterdessen verschwunden. Die ganze Welt war in ihre posthistorische Phase eingetreten, und zwar deshalb, weil sie – auch unter dem Eindruck des Stalinschen Experiments – den Glauben an die Überwindung der Geschichte verloren hatte; dort, wo die Geschichte nicht ihrer Vollendung zustrebt, verschwindet sie, hört sie auf, Geschichte zu sein, erstarrt sie in sich selbst.

Die ersten Ergebnisse der Entstalinisierung setzten all jene – besonders westlichen – Beobachter in Erstaunen, die im Stalinismus, verglichen mit der avantgardistischen, progressiven, rationalistischen und westlich orientierten Periode der russischen Geschichte, eine regressive Strömung sahen und die von Rußland nach dem Ende des von Stalin bescherten Alptraums die schlichte Weiterführung der durch ihn »gewaltsam unterbrochenen Entwicklung« erwarteten. Selbstverständlich geschah nichts dergleichen, denn im Lande selbst wußten alle intuitiv, daß der Stalinismus nur die Endphase des siegreichen Utopismus war. Daher war die Reaktion auf den Stalinismus nicht avantgardistisch, sondern extrem traditionalistisch.

Im Grunde trat der Sozialistische Realismus allmählich hinter einem traditionellen Realismus zurück, dessen typischster und einflußreichster Vertreter in den Jahren des »Tauwetters« wohl Alexander Solschenizyn war. Die utopischen Träume vom »neuen Menschen« wichen der Orientierung an den konservativen »ewigen Werten«, wie sie das russische Volk verkörperte, das Revolution und Stalinismus »erlitten« hatte. Diese galten nun als teuflische, unrussische Versuchung, die vom Westen ausgegangen und im Lande selbst vor allem von Fremden propagiert worden war: von Letten, Juden, Chinesen oder, in geringerem Maße, von westlich beeinflußten, aus der zaristischen Emigration vor der Revolution zurückgekehrten Russen – von diesem ganzen »nihilistischen Teufelspack«, das Dostojewskij in seinem Roman *Die Dämonen* beschrieben hatte.

Diese Position, von Solschenizyn in ziemlich radikaler Weise vertreten und mit der erzwungenen Ausreise aus dem Lande bezahlt, wurde in den sechziger und siebziger Jahren in leicht maskierter und abgemilderter Form zur offiziellen sowjetischen Ideologie. Sie wird in Millionenauflagen von den Vertretern der »Dorfprosa« verbreitet, die – man muß hier nur Namen wie W. Rasputin, W. Astafjew, W. Below u.a. nennen oder auch zahlreiche einflußreiche sowjetische Philosophen und Literaturkritiker – in der offiziellen Kulturindustrie führende Positionen einnehmen.

Es ist dabei offensichtlich, daß sich westliche Beobachter über diese neue Verteilung der ideologischen Richtungen in der

Sowjetunion oft zuwenig im klaren sind; gewohnheitsgemäß halten sie neo-slavophile Ideen wie die Solschenizyns für oppositionell, ja, sie neigen sogar dazu, deren Verbreitung für ein Zeichen von »Liberalisierung« anzusehen. Tatsächlich jedoch hat die sowjetische Ideologie in der letzten Zeit eine tiefgreifende Evolution durchgemacht; zwar appelliert sie noch immer an die »Klassiker des Marxismus-Leninismus«, doch interpretiert sie diese nun in einem völlig neuen Geist. (Dieser charakteristische Zug der sowjetischen Ideologie, um der historischen Kontinuität und der Machterhaltung willen neue Dinge mit alten Namen zu benennen, täuscht besonders außenstehende Beobachter häufig über den Grad und den Charakter faktischer Änderungen hinweg.) Die Losungen vom historischen Bruch, von der Schaffung einer nie zuvor dagewesenen neuen Gesellschaft und eines neuen Menschen sind von der offiziellen sowjetischen Ideologie inzwischen aufgegeben worden; an ihre Stelle trat die ebenfalls schon reichlich alte Idee, das sowjetische System verkörpere die »ewigen Ideale der Menschheit von einem besseren Leben« und die »uralten moralischen Werte«, die im Westen durch den Fortschritt, den Geist des Pluralismus und die Toleranz gegenüber dem moralisch Verwerflichen zerstört würden. Anders gesagt, gerade heute entwickelt sich die sowjetische Ideologie immer stärker in eine traditionalistische und konservative Richtung, wobei sie sich besonders gerne den traditionellen russischen Wertvorstellungen, ein rein moralisierend interpretiertes Christentum eingeschlossen, zuwendet. Unverändert bleibt dabei der kollektivistische Charakter der sowjetischen Ideologie, für die das Individuum nicht existiert, es sei denn im Appell, es solle sich dem Willen des »Volkes« beugen, das unter sowjetischen Bedingungen mit dem Staat identisch ist – der Individualismus der Neuzeit ist damit ebenso ausgegrenzt wie die jenseits aller sozialen Verpflichtungen liegende christliche Sorge um die eigene Rettung. Wenn in sowjetischen Veröffentlichungen diese Ideologie übrigens relativ ausgewogen erscheint und, wenn auch in letzter Zeit immer offener, in gemäßigter Form vertreten wird, so tritt sie in inoffiziellen und halboffiziellen Kreisen ziemlich militant auf und trägt vielfach offen nationalistische, antisemitisch-pogromhafte Züge. In den Augen dieser Gruppen erweisen sich nämlich die Verführer, die nihilistischen Dämonen letztlich als die Juden und die Oktoberrevolution als ein Element der welt-umspannenden jüdischen Verschwörung, die auf die »geistige und physische Vernichtung des gesamten russischen Volkes ab-zielt«. In letzter Zeit treten auf der Basis dieser Ideologie Grup-pen wie die »patriotische Vereinigung Pamjat (Gedächtnis)« auf, die unverblümt Pogromstimmung verbreitet. Von ihren Bezie-hungen zur herrschenden Bürokratie zeugt nicht nur das Fak-tum, daß sie als wohl einzige der »informellen« Gruppen in vielen Städten des Landes registriert ist und ihre Führer und deren Sym-pathisanten ihren Propagandazwecken ausgesprochen förder-liche Positionen im offiziellen Kulturapparat innehaben; einer der Ideologen dieser Vereinigung, übrigens ein Arabist und ehe-maliger Übersetzer bei Verhandlungen mit arabischen Politi-kern, wurde schon kurze Zeit, nachdem er seine eigene Frau auf bestialische Weise ermordet hatte, freigelassen und hält im Zen-trum Moskaus ungestört seine Vorlesungen.

Während die Autoren der »Dorfprosa« einen Kreuzzug gegen den industriellen Fortschritt, gegen die »Konsumhaltung« und für die Erhaltung der Natur und der historischen Kulturdenkmä-ler führten, versuchten viele andere Schriftsteller und bildende Künstler der Nach-Stalinzeit anscheinend tatsächlich, die Tradi-tionen der Avantgarde wiederzubeleben. Die von ihnen begrün-dete »inoffizielle Kultur« steht in krassem Gegensatz zur offiziel-len, für die jedes beliebige formale Experiment, das das Wort oder Bild vom direkten Dienst an der Ideologie befreit, tabu ist; das sowjetische offizielle kulturelle Bewußtsein wird eher einen »antisowjetischen Realismus« im Geiste Solschenizyns akzeptie-ren als einen prinzipiell antiideologischen »Formalismus«.[65] Die inoffizielle Kunst, die sich im Laufe einer langen Zeit trotz stän-diger Bedrängungen seitens der Macht und fast völlig abgeschnit-ten von ihrem potentiellen Publikum entwickelte, hat viel für das künstlerische Niveau der zeitgenössischen russischen Kunst getan, doch kann man sie, trotz all ihrer formalen Errungen-schaften, keinesfalls als Fortführung des Impulses der Avant-garde betrachten. Ganz im Gegenteil: Diese Kunst ist zutiefst retrospektiv, sie will die traditionelle Rolle des Künstlers nicht überwinden, sondern zu ihr zurückkehren, geschlossene, auto-nome künstlerische Welten schaffen, deren jede den Anspruch auf die letzte Wahrheit über die Welt erhebt. An die Stelle der kollektiven Utopie der klassischen Avantgarde und des Stalinismus tritt eine Vielzahl privater, individueller Utopien, die allerdings sämtlich die größte Intoleranz gegeneinander und um so mehr gegenüber dem Volk und dem »Sozialistischen Realismus«, in dem das Volk lebt, beweisen. Den Vertretern dieser pseudoaristokratischen Position entgeht, daß sie im Kleinen die absolutistischen Ansprüche des Sozialistischen Realismus reproduzieren, so daß jedes Idol ihrer durch und durch elitären Kultur für seine Bewunderer ein kleiner Stalin ist. Wenn die Autoren der »Dorfprosa« der intellektuellen Elite vom Anfang des Jahrhunderts den Ruin Rußlands vorwerfen, so haben auch die heutigen geistigen Erben dieser Elite nichts vergessen: die vor allem gegen die Intelligenz gerichteten bestialischen Pogrome der Revolutionszeit; jene Aufrufe, jeden umzubringen, der »Brille und Hut« trägt und korrektes Russisch spricht; die systematische Vernichtung der gebildeten Klassen in der Stalinzeit; die antisemitische Kampagne gegen die »Kreml-Ärzte« am Ende der Regierungszeit Stalins und schließlich die vielen Jahre der Diffamierung sozialer und nationaler Minderheiten. Diese ganze Periode hat derart tiefe Gräben zwischen den verschiedenen Schichten der russischen Bevölkerung hinterlassen, daß diese im Grunde noch immer allein mit der Begleichung alter Rechnungen beschäftigt sind. Daher ist auch die Wiedererweckung der modernistischen Kultur vom Anfang des Jahrhunderts retrospektiv, konservativ, elitär, »antivolkstümlich« und steht damit im Gegensatz zu ihrer eigenen ursprünglichen Haltung.

Doch die Parallele zwischen den konservativen Volkstümlern, den Schriftstellern der »Dorfprosa«, und der Kultur der Stalinzeit ist noch offensichtlicher. Ihr Traum von einer Rückkehr in die Vergangenheit, ihr Versuch, den zeitgenössischen Homo sovieticus in den russischen Menschen, wie er in ihrer Phantasie existiert, zurückzuverwandeln, ist natürlich vollkommen utopisch. Der traditionalistische Charakter dieser Utopie verbindet sie ebenfalls mit dem Stalinismus – selbst die nationalistisch gefärbte Sorge um die Erhaltung der Umwelt erinnert an die Stalinschen »Begrünungs-«Programme, die ihre künstlerische Verarbeitung in L. Leonows Roman *Der russische Wald* fanden, an den sich die heutigen Retter des russischen Waldes lieber nicht erinnern. Die ökologisch-nationalistische Utopie bleibt eine

Utopie im unmittelbar Stalinschen Sinne des Wortes: Wieder geht es darum, über die totale Mobilisierung der modernen Technik die Beendigung des technischen Fortschritts, das Ende der Geschichte herbeizuführen, mittels der Manipulation der menschlichen Umwelt den Menschen selbst zu verändern, das heißt aus einem modernistisch-technischen Menschen einen Antimodernisten und nationalistischen Ökologieanhänger zu machen. Diese als Antimoderne verstandene Postmoderne ist nichts anderes als eine Neuauflage jenes modernistischen Projekts, das sie zu bekämpfen meint: totale, »harmonische« Organisation der Welt durch »Selbst-Stop«. Der Sieg der »russischen nationalen Wiedergeburt« wäre nur ein Abspielen derselben Platte mit einem neuen Text zur alten, längst bis zum Überdruß bekannten Melodie.

So wurde dem aufmerksamen Beobachter der sowjetischen Kulturszene schon in den sechziger und siebziger Jahren klar, daß alle Versuche, das Stalin-Projekt zu überwinden – auf der individuellen wie auf der kollektiven Ebene –, dieses gerade auf fatale Weise wiederholen. Im Westen herrscht ein »zielloser« Fortschritt, der die eine Mode durch die nächste, die eine Technik durch eine andere ersetzt, der durch seine Macht und durch die Unendlichkeit seiner Bewegung die Sinnlosigkeit der menschlichen Existenz anschaulich demonstriert und dem aufbegehrenden Bewußtsein, das ein Ziel, einen Sinn, Harmonie braucht und sich dem gleichgültigen Moloch der Zeit einfach nicht unterwerfen will, immer standgehalten hat; er läßt sich keinen Sinn verleihen, läßt sich nicht lenken oder transzendieren, und so fühlt sich die westliche Intelligenz in permanenter Opposition zu den herrschenden Kräften der eigenen Gesellschaft, den Dienern der übermenschlichen Macht der Zeit. In der Sowjetunion ist es genau umgekehrt: Hier realisiert sich der Fortschritt nur in dem Versuch, ihn aufzuhalten, in der nationalistischen Reaktion auf die monotone Überlegenheit des Westens, im Bestreben, aus seinem Herrschaftsbereich, das heißt aus der Zeit, ins apokalyptische Reich der Zeitlosigkeit auszubrechen. Auch die russische Avantgarde war, entgegen der verbreiteten Vorstellung von ihrer »westlichen« Orientierung, extrem nationalistisch eingestellt, einer ihrer Initiatoren, Benedikt Lifschitz, spricht sogar von ihrem rassistischen Charakter.[66] Jedenfalls steckt in den Werken der russischen Avantgarde sehr viel Haß auf den Westen[67], denn gerade er verkörpert in ihren Augen jenen Irrationalismus des Fortschritts, den sie durch einen umfassenden künstlerischen Plan aufzuheben bestrebt war. In eine Formel gefaßt, beschreibt der russische elitäre Nationalismus die folgende Figur: Er übernimmt die radikalste westliche Mode, treibt die Radikalisierung noch weiter und glaubt sich darum dem Westen weit überlegen – diese Strategie findet man schon in der radikalisierenden Schelling-Rezeption der Slavophilen, in der radikalisierenden Nietzsche-Rezeption der »russischen religiösen Renaissance« am Ende des 19. Jahrhunderts. Eine solche nationalistische Reaktion, die sich den westlichen Fortschritt nur aneignet, um ihn mit seinen eigenen Waffen zu schlagen, verbindet Macht und Intelligenz in einem tiefen inneren Einverständnis, das in dieser Form im Westen nicht möglich wäre.

Der russische Postutopismus, als ironische Travestie des Sozialistischen Realismus manchmal auch »Soz-Art« genannt, ist aus der Entdeckung dieses Einverständnisses zwischen Macht und Intelligenz hervorgegangen; er sah plötzlich im vermeintlich oppositionellen künstlerischen Projekt den Willen zur Macht und in der Strategie der politischen Unterdrückung das künstlerische Projekt. Für die russischen Künstler und Intellektuellen bedeutete diese Entdeckung den Verlust der geistigen und künstlerischen Unschuld. Nicht nur der künstlerische Wille zum Projekt, zur »Beherrschung des Materials« war in Frage gestellt, sondern auch der Wille, sich in dem illusorischen Versuch einer Rückkehr in die individuelle oder kollektive Vergangenheit von einem solchen Projekt loszusagen. Nachdem die Künstler diesen ästhetisch-politischen Willen zur Macht als Ausgangspunkt jedes, auch des eigenen künstlerischen Projekts begriffen hatten, wurden seine Strategien zum Hauptgegenstand ihrer Reflexion.

Im folgenden werden einige typische Beispiele einer solchen Analyse dargestellt; es handelt sich um Werke verschiedener bildender Künstler und Schriftsteller des sowjetischen Postutopismus, wie wir diese Bewegung nennen wollen, der die Entdeckung einer engen Verwandtschaft zwischen modernistischen und postmodernen Projekten, das heißt einer Verwandtschaft von »Geschichte-Machen« und Überwindung der Geschichte, zum Augangspunkt nimmt. Wir beanspruchen auch hier, wie schon bei der Analyse der Avantgarde und des Sozialistischen Realismus, nicht die erschöpfende Darstellung des Materials, sondern versuchen, uns auf die zentralen konzeptionellen Schemata der Soz-Art zu konzentrieren und diese an Beispielen zu illustrieren, die für die Eigendefinition dieser Kunst relevant sind. Wir werden diese Kunst als postutopische bezeichnen, um sie sowohl von der utopischen Kunst der Avantgarde und des Sozialistischen Realismus abzusetzen als auch von der anti-utopischen Kunst, die gewöhnlich mit der postmodernen Situation assoziiert wird; zugleich wollen wir mit dieser Bezeichnung unterstreichen, daß es der Soz-Art nicht um die Kritik des modernen Fortschritts geht, sondern um die Reflexion der utopischen Versuche, diesen aufzuhalten und zu einem Ende zu bringen.

Der verlorene Horizont

Eines der ersten Werke dieser neuen postutopischen Kunst, das wesentlich zu ihrer Begründung beigetragen hat, ist das 1972 entstandene Bild *Der Horizont* von Erik Bulatow.[68] Es stellt in etwas distanzierter, verfremdeter, fotorealistischer Manier eine Gruppe typisch »sowjetisch« gekleideter Leute dar, die an einem Strand in Richtung Meer gehen und zum Horizont schauen. Die Horizontlinie selbst ist allerdings nicht sichtbar, denn sie wird von einer flachen suprematistischen Form verdeckt, die diesem konventionellen Bild gewissermaßen aufgelegt ist und es in der Horizontalen ganz durchschneidet. Bei näherer Betrachtung erweist sich diese Form als Ordensband des Lenin-Ordens.

Die Bewegung zum Meer und zur Sonne hin verweist auf den Optimismus des Sozialistischen Realismus der Stalinzeit. Die Personen sind, im Stil jener Zeit, bescheiden und ordentlich gekleidet, im Gegensatz zum Standardbild der Stalinzeit jedoch fehlt der Gruppe jede Feierlichkeit; sie kehrt dem Betrachter den Rücken, so daß die Gesichter der »neuen Menschen« nicht zu sehen sind; die ganze Komposition vermittelt ein Gefühl der Unruhe, das durch die fotorealistische »westliche« Machart bedingt ist. Das Ordensband, das den Horizont verdeckt, versperrt der Gruppe sozusagen den Weg und hält sie an. Da es dem Bild einfach aufgelegt ist, signalisiert es auf den zweiten Blick dessen fiktiven, flächigen Charakter, es zerstört die durch die

Bewegung der Gruppe und die trivial-realistisch gestaltete Perspektive erzeugte Illusion.

Der Topos des Horizonts ist zentral für das Denken und die Praxis der russischen Avantgarde. Der Horizont, der in dem Maß zurückweicht, wie man ihm näherkommt, symbolisiert seit altersher das Illusorische allen menschlichen Strebens, allen »Fortschritts« – jene ontologische Gefangenschaft, in der sich der Mensch auf Erden befindet. Der Horizont markiert die Grenze der menschlichen Möglichkeiten, die gerade deshalb unüberwindlich ist, weil sie selbst nicht am Ort bleibt, weil sie sich bewegt, den Weg also nicht verstellt, sondern zu einem sinnlosen Auf-der-Stelle-Treten macht, zu einem ständigen Wiederherstellen ein und derselben Ausgangssituation. Nicht zufällig wird in einem der Schlüsseltexte der Neuzeit – in Nietzsches Erzählung vom Tod Gottes – dieser Tod mit dem Verschwinden des Horizonts assoziiert, das gleichermaßen Freiheitsekstase und Grauen vor der Freiheit auslöst: »Wohin ist Gott«, rief er, »ich will es euch sagen! Wir haben ihn getötet – ihr und ich! Wir alle sind seine Mörder! ... Wer gab uns den Schwamm, um den ganzen Horizont wegzuwischen? ... Wohin bewegen wir uns? Fort von allen Sonnen? Stürzen wir nicht fortwährend? Und rückwärts, seitwärts, vorwärts, nach allen Seiten? Gibt es noch ein Oben und ein Unten? Irren wir nicht durch ein unendliches Nichts? Haucht uns nicht der leere Raum an?«[69] Während für Nietzsche das kosmische Erlebnis des Horizontverlusts noch alarmierend ist, verkündet Malewitsch schon stolz: »Ich habe den Ring des Horizonts durchbrochen und bin dem Kreis der Dinge entkommen, dem Ring des Horizonts, in welchem der Künstler und die Formen der Natur eingeschlossen sind. Dieser verhaßte Ring, der Neuigkeit auf Neuigkeit eröffnet, führt den Künstler vom Ziel der Zerstörung weg ... Die Dinge sind verschwunden wie der Rauch, für eine neue Kultur der Kunst geht auch die Kunst voran zum Schöpferischen als Selbstzweck, zur Herrschaft über die Formen der Natur.«[70] Mit der Zerstörung des Horizonts erreicht der Künstler das absolut Neue und zugleich das Ewige und Wahre, befreit er sich aus der Gefangenschaft der trügerischen Neuheit der irdischen Dinge. Das Verschwinden der Perspektive, die Absage an den illusorischen dreidimensionalen Raum erlebt Malewitsch als

Durchbruch in die Freiheit, in den uferlosen kosmischen Raum des unendlichen Nichts.

Doch was Malewitsch als Durchbruch in die jenseits der dreidimensionalen Illusion liegende Unendlichkeit erlebte, sieht der heutige Betrachter als zweidimensionale Fläche. Bulatow schreibt: »Malewitsch verbietet den Raum einfach. Er geht hin und schafft ihn mit einem revolutionären Dekret ab.« Was ihm bleibt, ist die Ebene. Doch »über die Ebene kannst du nicht fliegen, auf der idealen Ebene kannst du nicht einmal kriechen«. So kommt es, schreibt Bulatow weiter, bei den Konstruktivisten »zur Ersetzung des künstlerischen Raums durch den sozialen Raum. Die Kunst hat erstmals das Sozium zu ihrem letzten Ziel erklärt, und das Sozium hat sie zerstört«[71]. Daher erlebt und beschreibt Bulatow die suprematistische Form – bei Nietzsche der Schwamm, der den Horizont auslöscht – nicht als befreiend, sondern als etwas, das den Menschen einsperrt, ihm durch den übermenschlichen Anspruch den Weg in seinem menschlichen Raum verstellt und diesen zugleich selbst zweidimensional und flach werden läßt. Bulatow zitiert Malewitschs »Supremata« nicht nur, indem er sie mit der höchsten Auszeichnung der Stalinzeit gleichsetzt, er dechiffriert und offenbart sozusagen ihren ideologischen Gehalt: der Leninorden, Symbol des siegreichen sozialen Raums, als Konkretion der »abstrakten« geometrischen Formen Malewitschs.

In anderen Werken entwickelt Bulatow dieses Verfahren weiter: Er kombiniert das dreidimensionale realistische Illusionsbild und die suprematistische Fläche. Diese ist manchmal durch ein Plakat repräsentiert (so z.B. in der Komposition *Krasikow-Straße*, die im Grunde Malewitschs *Schwarzes Quadrat* reproduziert; den Platz des Quadrats jedoch nimmt ein Leninplakat ein, und den des weißen Raumes eine triviale Moskauer Straßenlandschaft mit Menschen, die auf das Plakat zugehen und sich wie im Bild *Horizont* vom Betrachter entfernen), manchmal auch durch Spruchbänder wie *Ruhm der KPdSU* oder *Herzlich willkommen*. Das Spruchband oder das Plakat leistet in diesen Fällen die »Reduktion des als Lebensraum verstandenen Raumes zur Fläche«, die Zerstörung der Perspektive der zweidimensionalen Person des Bildes. Die raumbildende oder raumzerstörende Funktion des abstrakten Zeichens kommt noch stärker in jenen Arbeiten Bulatows zum Tragen, in denen der Text die konstruktive Rolle einer »Stütze des Raumes« spielt, wenn er selbst in die Perspektive eingelassen ist, bzw. sie überhaupt erst konstruiert (*Ich lebe und sehe, Ich gehe* und andere Arbeiten). Ein solcher raumöffnender Text hat gewöhnlich den »nicht-ideologischen«, »positiven« Charakter des poetischen oder sakralen Worts.[72]

So kehrt Bulatow zwar zur dreidimensionalen Illusion, zum realistischen Bild zurück, ihrer Unmittelbarkeit und »Natürlichkeit« jedoch traut er nicht mehr. In einer ideologieüberfrachteten Welt ist Neutralität nicht mehr möglich, und der Künstler kann aus der Rolle des Demiurgen, der die Realität öffnet oder verschließt, nicht heraus: Der Lebensraum erweist sich als ideologisches Zeichen, und die Entscheidungen fallen im Grunde außerhalb. Die künstlerische Praxis Bulatows ist alles andere als eklektisch, er will nicht einfach Stile unterschiedlicher historischer Epochen zitieren, wie das dem oberflächlichen »postmodernen« Blick scheinen mag, es geht ihm vielmehr darum, die immanente Logik der inneren Wechselbeziehungen dieser Stile zu demonstrieren, und dabei nimmt er das eigene Werk keineswegs aus. Ohne Demiurg oder Ideologe sein zu wollen, weiß er, daß er es ist; er lehnt die ihm aufgedrängte Rolle nicht ab, sondern analysiert sie von innen her: Er zeigt die Übergänge vom visuellen zum ideologisch manipulierten Bild und umgekehrt. Das Verschwinden des Horizonts erbrachte statt der Befreiung die Notwendigkeit, ihn jedesmal aufs neue wiederzuerrichten.

Der Avantgarde-Künstler als der »Kleine Mensch«

Ebenfalls Anfang der siebziger Jahre entstand Ilja Kabakows Alben-Serie *Zehn Personen*, die auch zu den ersten Manifestationen der postutopischen Kunst gehört. Jedes Album besteht aus einer Mappe loser Blätter, die in einer bestimmten Reihenfolge zu betrachten sind und bei denen es sich jeweils um die illustrierte Geschichte vom Leben und Tod einer Person handelt.[73] Die Illustrationen halten fest, was das »innere Auge« der Person sieht, der zugehörige Text schildert ihre äußeren Lebensumstände mit den Augen und Stimmen der anderen (wobei nicht zu entscheiden ist, ob es sich um einen illustrierten Text oder um kommentierte Bilder handelt).

Das visuelle Bild erlebt in jedem der Alben seinen allmählichen Zerfall bis hin zum »Verlust des Horizonts«, zu einem rein weißen Blatt, das zugleich den Tod der Person symbolisiert. Die innere Haltung der Personen ist auf die Überwindung alles Äußeren, Sichtbaren gerichtet, auf das Erlangen des absoluten suprematistischen Nichts, auf die völlige Befreiung von der irdischen Gefangenschaft. Auf der äußeren Ebene korrespondiert diesem Streben immer die triviale Geschichte vom langsamen Sterben eines gepeinigten »Kleinen Menschen«, des typischen Helden der von Mitgefühl erfüllten russischen Literatur des 19. Jahrhunderts: kurz gesagt, Malewitsch als Gogols Akakij Akakiewitsch, der sich nach dem absolut Weißen als einem ihm dem Rang nach nicht zustehenden, geliebten Mantel sehnt und unter dieser Belastung zugrunde geht. Dabei werden die inneren Offenbarungen der Helden in der Manier »schlechter« sowjetischer Kunstproduktion dargestellt, was von innen heraus ihre Trivialität und mangelnde Originalität demonstriert.

Hinter dem absoluten Nichts des Suprematismus öffnet sich so ein noch tieferer Abgrund: die unendliche Vielfalt möglicher Interpretationen dieses extremen künstlerischen Aktes. Sie reichen von den tiefsinnigsten bis zu den trivialsten, in ihrer Gesamtheit jedoch nehmen sie ihm all seine von der Kunstgeschichte attestierte Bedeutsamkeit. In der Epoche des Modernismus hatte die Kunstgeschichte als neuer Mythos fungiert und jeder Tat ihrer Helden einen heroischen und unumstößlichen Sinn verliehen; Kabakow zerlegt diesen Mythos in eine Menge sich überschneidender, einander widersprechender, ineinander übergehender trivialer Geschichten, unter denen eine Auswahl zu treffen unmöglich ist, so daß etwa die gnostische Seelenwanderung durch Welten und Äonen sowohl mit der Geschichte der Avantgarde-Kunst als auch mit dem Familien-Melodram auf einer Stufe steht (*Im Schrank Sitzender* etwa ist ein Album, das übrigens mit dem *Schwarzen Quadrat* von Malewitsch anfängt und es als das interpretiert, was der in den Schrank gekrochene kleine Junge sieht).

Auf den ersten Blick beschreiben Kabakows Alben und auch seine späteren großformatigen Bilder, die die Themen der Alben einzeln ausarbeiten, den Sieg des Alltagslebens über die Avantgarde, deren Hauptziel ja gerade, noch vor der Überwindung der traditionellen Kunst, die Überwindung des Alltagslebens gewesen war. Während sich der Avantgarde das große Nichts, die absolute Schwärze des Kosmos hinter der äußeren Stabilität des Alltagslebens, hinter dessen sichtbarem Horizont auftat, verlegt Kabakow diesen schockierenden Einblick in den Alltagskontext zurück – wobei er unter Alltagsleben nicht einen Vorrat von bestimmten stabilen Motiven versteht, sondern ein Geflecht von Bildern, Diskussionen, ideologischen Einstellungen, Stilen, Traditionen und Aufständen gegen diese Traditionen, die sich alle endlos gegenseitig kommentieren und in eine noch tiefere Undurchsichtigkeit und ein noch radikaleres Absurdum führen als die Schwärze und Absurdität des Kosmos der Avantgarde, die immerhin einen bestimmten Bezugspunkt, eben das Nichts, haben. In der Welt Kabakows gibt es keine solche stabile Referenz, selbst das Nichts wird in ihr zu Etwas, und darum ist jede radikale Negation unmöglich. Kabakow verweist auf eine Beziehung zwischen der eigenen Hinwendung zum Alltäglichen und der Tradition von M. Duchamp und der Pop-Art und präzisiert die eigene Position in seinen Erinnerungen an die Arbeit der siebziger Jahre folgendermaßen: »Die Kunst des ›ready-made‹, das Präsentieren von Gegenständen der ›niederen Wirklichkeit‹ in Ausstellungssälen und Museen kam Anfang dieses Jahrhunderts auf, mit Duchamp, und heute ist sie etwas Gewöhnliches, eine alltägliche Erscheinung. Eine ›Entdeckung‹ ist damit also keineswegs gemacht. Doch wir unterscheiden uns hier in einer Kleinigkeit, einer sozusagen ›Nuance‹ ... Die in Museen ausgestellten natürlichen Dinge zeigen, wenn auch vielleicht auf absurde Weise, tatsächliche, oft wesentliche Seiten des ›Lebens‹, und die Werke der Pop-Art machen Reklame für irgend etwas, ihren Vitrinen entspricht etwas ›im Innern‹ des Ladens, ihre Werbung verspricht etwas ›Reales‹, das tatsächlich existiert. Unseren Reklamen, Aufrufen, Erklärungen, Hinweisen, Verzeichnissen jedoch – und das weiß jeder – entspricht niemals und nirgends irgend etwas in der Realität. Sie sind reine, in sich selbst vollendete Äußerungen, ›TEXT‹ im exakten Sinn des Wortes. Unser Text, von dem jeder weiß, daß er sich an niemanden wendet, nichts bedeutet, mit keiner realen Sache korrespondiert – bedeutet *an sich* trotzdem sehr viel, und das Interesse, die Aufmerksamkeit, die Arbeit mit dem Text ist das Besondere unseres Umgangs mit der ›Isoproduktion‹ ... Das ist um so wichtiger, als dieser Text unser ganzes Leben durchdringt ..., doch es wäre unvorsichtig zu glauben, diese Texte seien an irgendein menschliches Subjekt, an den ›sowjetischen Menschen‹ gerichtet. *Unsere Texte sind nur an Texte gerichtet*, und jeder beliebige Text ist eine Antwort auf den vorhergehenden Text.«[74]

Unter den sowjetischen Bedingungen, wie sie sich in der Stalinzeit herausgebildet haben, fällt so das Alltagsleben mit der Ideologie zusammen. In diesem Sinne ist das Alltagsleben tatsächlich überwunden: Es wurde zum »un-menschlichen« Text, aus dem das Leben verschwunden, in dem es aufgegangen ist. Zugleich ist aber auch die Ideologie als konkreter, an den Menschen gerichteter Diskurs ins Alltagsleben eingegangen und aufgelöst: Alltagsleben und Ideologie fallen im unendlichen Text zusammen. Diese Situationsbeschreibung, die aus einer Zeit stammt, als Kabakow Derrida noch nicht kannte (in dem vorangegangenen Text stützt er sich auf Wittgenstein), steht in weitgehender Übereinstimmung mit Derridas Beschreibung der postmodernen Situation. Kabakows Verständnis des »Textes« entspricht genau Derridas Begriff der »écriture«, für die der geschriebene Text, das visuelle Zeichen, einfach eine »Spur« ist, die keinen äußeren Referenten hat und ins unendliche Spiel der Differenzen eintritt, wo jeder stabile Sinn schwindet. Diese Nähe bestätigt auch Kabakows Verwendung des Begriffs der »Stimme«: In seinen Kompositionen sind die Texte in der Regel bestimmten, mit Namen genannten »Stimmen« zugeordnet, doch diese Stimmen sind gewissermaßen über den Arbeitsraum verteilt, »verräumlicht« (vgl. das »éspacement« bei Derrida)[75] und – als »lebendige« den kompositionellen Verkettungen der »toten« Buchstaben und Zeichen untergeordnet. Man könnte auch die Rolle von Kabakows *Randkritzeleien*[76] untersuchen, die dem »parergon«[77] Derridas entsprechen. Analogien ließen sich auch sehen zur Verzweigung des einen dominanten Diskurses in eine Vielfalt von einzelnen bei Lyotard, zur Beziehung zwischen dem Symbolischen und dem Imaginären bei Lacan.

Obwohl es eine Menge von Parallelen zum französischen poststrukturalen Denken gibt, die zweifellos, wie Kabakow selbst bemerkt, in der gemeinsamen Orientierung am ideologischen Diskurstyp wurzeln, bestehen zwischen dem sowjetischen Postutopismus Kabakows und dem französischen Poststrukturalismus doch wesentliche Unterschiede. Zwar verwirft Kabakow die unmittelbare »Präsenz« der suprematistischen Offenbarung – das »reine Weiß«, ihre »Parusie« – im Namen des »Textes«, der es mit der Ambivalenz von Präsenz und Abwesenheit zu tun hat, doch steht dieser Text selbst, genau wie der »nichtkünstlerische«, einfach auf ein Blatt Papier geschriebene Text[78], auf einem weißen Hintergrund, der ihn erst sichtbar werden läßt. Diese Ambivalenz von Text und Hintergrund geht weiter als die »innertextuelle Ambivalenz«, da man den Hintergrund nicht als einfache »Abwesenheit« von Text begreifen kann. Wenn das Alltagsleben mit der Ideologie zusammenfällt, bedeutet das nicht nur die Niederlage der Avantgarde, sondern auch ihren Sieg – ohne ihr »Weiß« gäbe es keinen Text darauf. Wenn der Avantgarde-Künstler der »Kleine Mensch« wird, der im ideologisierten Alltagsleben untergeht, so erfährt auch jeder »Kleine Mensch« seine eigene Offenbarung des reinen Lichts (wie etwa in Tolstojs *Der Tod des Iwan Iljitsch*), des Todes, des Absurden. Die absolute »Parusie«, die totale Präsenz des Subjektiven im umfassenden universalen Sinn aller Dinge, die Fülle des Lebens auf der einen Seite und die Unendlichkeit des Textes, seine Materialität, die in sich Abwesenheit und Tod trägt, auf der anderen Seite erscheinen bei Kabakow nicht in radikaler Opposition, sondern als zwei gleichberechtigte Interpretationen im Grunde ein und desselben schöpferischen Aktes, der mit der »Biografie« des Künstlers zusammenfällt.

Daher die Wiederholungsstruktur der Alben Kabakows. Sie alle erzählen ein und dieselbe Geschichte, die gegenüber der Grunddifferenz des heutigen Denkens, der Frage nach Ideologie vs. Realität, indifferent ist. Diese Geschichte bleibt immer dieselbe, ganz gleichgültig, ob wir sie als Erzählung über die Entstehung der Subjektivität im traditionellen »idealistischen« Sinn auffassen oder als Erzählung über die Wirkung sozialer oder sexueller Kräfte, über das Spiel der Zeichen oder, wenn man so will, über das Ablaufen eines Programms in einem technisch perfektionierten Computer. Die Welt des unendlichen ideologischen Textes steht nicht in absoluter Opposition zum Künstler, denn das künstlerische Gedächtnis Kabakows bewahrt die Erinnerung daran, wie diese in der Stalinzeit »geschaffen« wurde, was ihm nicht erlaubt, sich zu dieser Welt wie zu etwas vollkommen

Äußerlichem zu verhalten, mit dem er sich nicht identifizieren könnte. Das lange Training durch den Sozialistischen Realismus hat den Künstler dazu gebracht, zwischen dem »Demiurgen«, dem »Neuen Menschen« und den »Schrauben des Systems«, dem kleinen »Kader, der alles entscheidet« (nach dem Wort Stalins) nicht scharf zu unterscheiden. Für Kabakow ist die Frage nach Authentizität vs. Inauthentizität des schöpferischen Aktes sekundär, das heißt, sie ist selbst nur eine ideologische Frage. So wie sich Kant seinerzeit angesichts der von ihm aufgestellten Antinomien weigerte, über die Natur der äußeren Welt zu urteilen, weigert sich auch Kabakow in seinen Arbeiten und Eigenkommentaren, über die Natur seiner inneren Welt zu urteilen; der »ontologischen Differenz« Heideggers und des Poststrukturalismus stellt er seine Indifferenz bezüglich beliebiger möglicher Interpretationen wie auch bezüglich ihrer Unmöglichkeit und Unendlichkeit entgegen.

Stalins beste Schüler

Bulatow und Kabakow arbeiten in erster Linie mit der Alltagssymbolik des neuen sowjetischen Lebens und mit seiner verborgenen Mythologie. Im Gegensatz zu ihnen wandte sich das Künstlerpaar Vitalij Komar und Aleksander Melamid zur selben Zeit, Anfang der siebziger Jahre, umittelbar dem Stalinmythos, der »hohen« sowjetischen Klassik zu. Sie nannten ihre Kunst »Soz-Art«, eine Bezeichnung, die sich eingebürgert hat und inzwischen oft für die gesamte künstlerische Richtung verwendet wird.[79] Ihre Position hinsichtlich der Geschichte der russischen Kunst drückt sich besonders deutlich in der illustrierten Erzählung *A. Zjablow* (1973)[80] aus, die in Form einer historischen Parabel diese Geschichte darstellt.

Die Erzählung ist im Stil eines kunstwissenschaftlichen, um (selbstverständlich fiktive) Dokumente, Zeugnisse und Korrespondenzen ergänzten Artikels geschrieben. Ihr Held Apelles Zjablow ist ein im 18. Jahrhundert lebender Künstler und leibeigener Bauer, der bereits damals die abstrakte Malerei begründet hat; Beispiele seiner Malerei sind in den massiven Rahmen aus jener Zeit abgebildet. Der Künstler blieb unverstanden, er wurde von der damaligen »zaristischen« Akademie abgelehnt, zum Kopieren antiker Bilder gezwungen und hängte sich schließlich aus Verzweiflung auf. Die Autoren scheinen sich, auf den ersten Blick, mit ihrem Helden zu identifizieren, sind sie doch selbst vom herrschenden Akademismus abgelehnte »Formalisten«, gegen die, wie gegen Zjablow, polizeiliche Gewalt angewendet wird, um »jegliche verzerrenden Verhältnisse ..., welche in Wirklichkeit nicht vorkommen oder zwar vorkommen, aber sich nicht gehören und ohne besondere Not von einigen verwendet werden einzig, um ihre Gleichgültigkeit gegenüber den Regeln zu bekunden«, in der Kunst zu unterbinden.

Andererseits wird im Laufe der Dinge klar, daß die abstrakte Malerei Zjablows, die in »Porträts Seiner Majestät des ›Nichts‹« besteht und deren Authentizität mit einem Traum des Künstlers von einer apokalyptischen Katastrophe untermauert wird – all das verweist ganz offensichtlich auf das Bewußtsein der Avantgarde –, zum Schmuck der Folterkammern seines Herrn, des Gutsbesitzers Strujskij bestimmt ist. Die Tatsache, daß Strujskij selbst in der Erzählung als aufgeklärter Europäisierer erscheint, stellt die abstrakte Kunst in den Kontext einer jahrhundertelang währenden Politik der Repressionen gegen das Volk, seiner mittels »asiatischer« Gewaltanwendung erzwungenen »Europäisierung« – auch dies ein deutlicher Hinweis auf die Verbindung der russischen Avantgarde zur revolutionären Gewalt und konkret zum Terrorapparat des Geheimdienstes. Verstärkt wird diese Parallele noch durch eine Bemerkung des Biographen, Zjablows Kunst sei charakteristisch für die »Zeit des aufkommenden russischen nationalen Selbstbewußtseins, die Zeit eines heftigen Brodelns und eines großen schöpferischen Aufschwungs des ganzen, von Peter dem Großen aus einem langen Winterschlaf geweckten Volkes«.

Ganz im Geiste der stalinistischen Geschichtsschreibung wird die Geschichte der Europäisierung Rußlands vor unseren Augen zum nationalistischen Mythos. Der spätere Biograph betont bereits, »die Kunst Zjablows [sei] ein aus der Tiefe der Volksseele kommender Protest gegen die heuchlerische Moral der Nachbeter der ›Londoner Kommerzler‹«; er spricht weiter von der »lebensbejahenden Malerei des großen Künstlers, die ihre Quellen in den volkstümlichen Frostblumenmustern, in den ewig wechselnden Stimmungen des Meeres und des zentralrussischen

Himmels, im kühnen Spiel der Flamme findet und die auch die reichen plastischen Möglichkeiten der Steinschneidekunst in sich aufgenommen hat, für deren vollendete Beherrschung die Meister aus dem Ural seit jeher berühmt waren«. Er schließt damit, daß »das tragische Schicksal des leibeigenen Künstlers Apelles Zjablow, dessen optimistischem Werk endlich der ihm gebührende Platz in der Schatzkammer der Weltkultur zuteil wurde, auch heute, über die Kluft der Jahrhunderte hinweg, als wegweisender Stern allen Vertretern der schöpferischen Intelligenz leuchten wird, die nach der typischen Widerspiegelung der Wirklichkeit in ihrer dialektischen Entwicklung suchen«.

Diese glänzende Parodie auf den sentimental-ideologischen Stil der sowjetischen Kunstgeschichtsschreibung und ihre nationalistische Rhetorik stellt die Geschichte von Zjablow – und mit ihm die Kunst der russischen Avantgarde – in den Kontext der zahllosen Erzählungen der Stalinzeit über einfache russische bäuerliche Autodidakten, von denen gesagt wurde, sie hätten den Westen in allen Wissenschaften überflügelt und verdankten ihre Unbekanntheit nur den »Umtrieben der zaristischen Bürokratie«, die sich aus Ausländern und solchen Leuten zusammensetze, die sich vor allem Ausländischem verbeugen. Diese Geschichten, die Ende der vierziger und Anfang der fünfziger Jahre die antisemitische Kampagne des »Kampfes gegen den Kosmopolitismus« begleiteten, sind für die sowjetische Intelligenz noch heute bevorzugtes Objekt des Gespötts, und daher begehen Komar und Melamid ein wirkliches Sakrileg, wenn sie den großen und tragischen Mythos der russischen Avantgarde mit diesem billigen Kitsch-Sujet vergleichen.

Komar und Melamid sehen darin allerdings nicht den geringsten Frevel, denn sie halten die Kunstreligion der Avantgarde für irrig und götzengläubig. Den Schlüssel zu ihrer eigenen Bewertung der Avantgarde findet man in einem an Apelles gerichteten Schreiben des Gutsherrn Strujskij, der schreibt, er begreife dessen Bilderstürmerei nicht, denn sie sei nicht zu Ende geführt: »Ist es dann nicht besser, sich auf die nackte Schrift zu stützen wie einst und jetzt die Judäer? Und weswegen den Kampf mit diesen, und nicht mit jenen Idolen als Ziel erachten?« Die Mythen der Avantgarde, des Stalinismus, des Westlertums und der Slavophilie verflechten sich ständig ineinander, werden ineinander umko-

diert und erzählen einander nach, denn sie alle sind götzengläu-
bige Mythen der Macht, und darum erscheint der pseudobilder-
stürmerische Avantgarde-Mythos des »Nichts« als Galaporträt
»Seiner Majestät des ›Nichts‹«, das dann zum Galaporträt jedes
x-beliebigen, und sei es Stalins, werden kann.

Die fundamentale Intuition Komars und Melamids, jede
Kunst sei Repräsentation von Macht, ist der Grundimpuls ihres
Werks. Aus dieser Intuition heraus lehnen sie es von Anfang an
ab, nach einer Form der Kunst zu suchen, die der Macht Widerstand leisten würde, denn schon eine solche Suche halten sie für
eine Manifestation des Willens zur Macht. Ihre Strategie besteht
in der Demonstration dessen, daß der Mythos von der – künstlerischen und zugleich politischen – Macht die Weltkunst im ganzen, die eigene nicht ausgenommen, prägt. Komar und Melamid
verkünden offen ihr Bestreben, die größten und berühmtesten
Künstler des Jahrhunderts zu werden, und schaffen damit ein
Simulacrum des Künstler-Genies. Als Muster für den Aufbau der
Struktur eines absoluten Kults der Künstlerpersönlichkeit (der
innerlich schon dadurch ironisiert ist, daß sie ja zwei sind) wählen
sie Stalin und machen ihn Ende der siebziger und Anfang der
achtziger Jahre zur wohl zentralen Figur ihres Werks.

Nicht nur, daß diese Arbeiten nicht auf »Entlarvung« des Stalinmythos aus sind, auf seine »Demythologisierung«, sie zielen
ganz im Gegenteil auf seine »Remythologisierung«; Komar und
Melamid preisen Stalin so entschieden, wie das kein einziger
Künstler der Stalinzeit zu tun bereit gewesen wäre. Damit jedoch
machen sie Stalin zum Bestandteil eines in akademischer Manier
ausgeführten surrealistischen Traums. Ihre Bilder sind gewissermaßen Seancen einer sozialen Psychoanalyse, die die im Unbewußten des sowjetischen Menschen verborgene Mythologie ans
Licht bringt, zu der er sich selbst nicht bekennen kann. Unter vielen Schichten des von der Zensur Untersagten (die »liberale«
Zensur verbietet alles, was mit der offiziellen Symbolik der Stalinzeit zu tun hat, die Stalinsche Zensur verbietet alles Individuelle, »Dekadente«, »Lasterhafte«, »Westliche«, die sowjetische
Zensur im allgemeinen alles »Erotische«; es herrscht das Verbot,
Prototypen der sakralen Figuren der Vaterländischen Geschichte
jenseits der Landesgrenzen wahrzunehmen, da dies ihre Einzigartigkeit gefährden würde) haben sich im Unbewußten des

sowjetischen Menschen viele Assoziationsebenen und -linien gebildet, die den Westen, die Erotik, den Stalinismus, die Kultur früherer Zeiten und die Avantgarde zu einem einzigen mythologischen Netz verbinden. Die Psychoanalyse von Komar und Melamid ist eher lacanistisch als freudianisch: Die Künstler wollen nicht das konkrete individuelle Trauma aufdecken, das in einem konkreten historischen Ereignis wurzelt, sondern lassen die Zeichen verschiedener semiotischer Systeme frei kommutieren, Verbindungen eingehen, Reihen bilden, um möglichst das ganze Assoziationsnetz in all seinen Richtungen und Niveaus offenzulegen. Der erstarrte Stalinmythos kommt so in Bewegung und beginnt, seine Verwandtschaft mit zahllosen anderen – sozialen, künstlerischen, sexuellen – Mythen zu zeigen und damit den eigenen, ihm selbst verborgenen Eklektizismus zu offenbaren. Seine Befreiung aus der Erstarrung befreit zugleich die Künstler und Betrachter, doch vollzieht sich diese Befreiung nicht über die Negation des Mythos, sondern, im Gegenteil, über seine Erweiterung auf ein Maß, das seine ursprüngliche Reichweite – die Macht des Sozialismus in einem Lande – schon weit übertrifft. Der Mythos von Komar und Melamid erweist sich als bunter und facettenreicher als der in seinem Exklusivitätsanspruch befangene Stalinmythos: Die besten Schüler Stalins retten sich vor ihrem Lehrer, indem sie ein Projekt simulieren, das noch grandioser ist, als es das seine gewesen ist.

Darum verstehen Komar und Melamid ihre Soz-Art nicht nur einfach als Parodie auf den Sozialistischen Realismus; vielmehr entdecken sie mit Hilfe der Soz-Art an sich selbst ein universales Moment, eine kollektive, mit den anderen verbindende Komponente, die Vereinigung von persönlicher und Welt-Geschichte, wobei sie die Weltgeschichte nicht zuletzt in der Konferenz von Jalta symbolisiert sehen, in der Bestätigung der Teilung der Welt in zwei Blöcke, deren jeder als die »Nachtseite« des anderen auftritt, als dessen »Anderes«, dessen »Unbewußtes«, als Bereich dessen utopischer wie negativer Phantasmen.[81] Diese Zweiteilung ließ die Künstler, solange sie in Moskau lebten, am Westen Orientierung suchen und weckte nach ihrer Ankunft im Westen den Wunsch, die »östlichen« Traumata zu rekonstruieren; diese politische Mauer trifft sich so mit einer instabilen Grenze zwischen dem Bewußtsein und dem Unbewußten der Künstler selbst, wobei die beiden, je nach der gerade eingenommenen, östlichen oder westlichen, Perspektive ständig die Plätze tauschen.

Daher schaffen Komar und Melamid in ihrem Bild *Die Konferenz von Jalta* (das auf dem Umschlag dieses Buches zu sehen ist) eine Art Ikone der neuen, das zeitgenössische Unbewußte bestimmenden Dreieinigkeit. Die Figuren Stalins und E. T.s, Symbole des in beiden Imperien herrschenden utopischen Pathos, offenbaren hier ihre Gemeinschaft mit der nationalsozialistischen Utopie des besiegten Deutschland. Hierzu ist zu sagen, daß Komar und Melamid in ihrer gesamten künstlerischen Praxis von jener inneren Verwandtschaft der zentralen ideologischen Mythen der Gegenwart ausgehen. So nennt Melamid in einem Interview als gemeinsames Ziel aller modernen Revolutionen das »Anhalten der Zeit« und macht in dieser Beziehung keinen Unterschied zwischen Malewitschs *Schwarzem Quadrat*, dem neuen Klassizismus Mondrians, der totalitären Praxis Hitlers und Stalins und der Malerei Pollocks; letzterer gehe »davon aus, die Individualität bewege sich jenseits von Geschichte und Zeit, sie sei stark wie ein Tiger und vernichte, um allein übrigzubleiben, alles um sich herum – eine überaus faschistoide Vorstellung von Individualität«.[82] Diesen Geist einer außerhistorischen Utopie, der für Komar und Melamid gegen die permanente Veränderung, gegen den Lauf der Zeit selbst gerichtet ist – und tatsächlich in E. T. hervorragend symbolisiert wird –, diagnostizieren die beiden auch an der amerikanischen Kunst und am amerikanischen Lebensstil.

Komar allerdings ist im selben Interview vorsichtiger und unterscheidet zwischen der statischen »Stalinschen« Revolution und Trotzkijs »Permanenter Revolution«, die sich zusammen mit der Geschichte bewegt und keine endgültigen Ziele setzt. Hier kann man hinzufügen, daß nach Auffassung der Künstler Geschichte selbst aus den Versuchen besteht, sie anzuhalten, so daß jede Bewegung ein utopisches Potential in sich trägt, das die Geschichte gleichermaßen vorantreibt und ihren Lauf zu bremsen sucht. Die Utopie ist also nicht etwas, das schlicht zu überwinden wäre, wovon man sich ein für allemal loszusagen hätte – eine solche Lösung wäre selbst utopisch –, sondern ein ambivalentes Moment, das jedem künstlerischen Projekt, auch dem anti-utopischen, immanent ist und das mit den Mitteln der sozialen Psychoanalyse reflektiert werden muß, die keinen Unterschied macht zwischen dem Eigenen und dem Fremden, zwischen der persönlichen und der politischen Geschichte.

Formal ist die postutopische sowjetische Kunst der siebziger Jahre vor allem durch ihre Rückkehr zum Narrativen gekennzeichnet, eine Richtung, die schon in der Narrativität des Sozialistischen Realismus vorbereitet war und in deutlichem Kontrast zur Avantgarde und ihrer Absage an alles Literarische steht. Allerdings kann man, wie schon für die Kultur der Stalinzeit, keineswegs von einer einfachen Rükkehr zur vor-avantgardistischen Alltagsbeschreibung sprechen. Hinter der radikalen und endgültigen Geste der klassischen Avantgarde war ein Mythos zutage getreten, ohne den diese Geste nicht zu verstehen ist, ohne den sie nicht einmal möglich gewesen wäre: ein legitimierendes Narrativ in Gestalt einer ideologisch eingefärbten modernistischen Geschichte der Künste, die von der schrittweisen Befreiung des Künstlers vom Erzählerischen erzählt. Dieser Mythos, der im Westen gewöhnlich für bare Münze genommen wird, stieß unter den Bedingungen des nach-stalinistischen Rußland natürlicherweise auf Zweifel, denn er stand in Konkurrenz zum Stalinschen Mythos des »positiven Helden«, des »neuen Menschen«, des Demiurgen der »neuen sozialistischen Wirklichkeit«. Zwischen diesen beiden einander augenscheinlich ausschließenden Mythen entdeckt man schnell eine »Familienähnlichkeit«; die Geschichte des einsamen, leidenden Avantgardisten, des Helden, der sich von der Vergangenheit lossagt, um die erstarrte Welt endgültig zu überwinden und umzugestalten – eine Geschichte, die Ontogenese und Phylogenese der modernistischen Kunst nachzeichnet –, glich wie ein Ei dem anderen der hagiographischen Schilderung der Helden der Stalinschen Fünfjahrespläne, etwa Pawel Kortschagin aus Ostrowskijs Roman *Wie der Stahl gehärtet wurde*, an dessen Vorbild Generationen sowjetischer Jugendlicher erzogen wurden.

Die Künstler der Soz-Art machten dieses verdeckte Narrativ der Avantgarde, diesen Mythos vom Künstler als dem Schöpfer, Propheten und Ingenieur, zu ihrem Hauptthema und versuchten, unter Verwendung der Stalinschen Verfahren ideologischer Bearbeitung seine Verwandtschaft mit anderen Mythen der Neuzeit wie auch der Vergangenheit aufzudecken und damit das umfassende mythologische Netz zu rekonstruieren, in dem das

104

zeitgenössische Bewußtsein befangen ist. Natürlich mußte diese neue Hinwendung zum Narrativ das Interesse der Literaten finden, denen der Kampf der Avantgarde gegen alles Erzählerische und der Zusammenbruch der narrativen Ästhetik der Stalinzeit einen doppelten Schock versetzt hatten. Etwas später als in den bildenden Künsten, Ende der siebziger, Anfang der achtziger Jahre, entstand eine Reihe literarischer Texte, die die neue kulturelle Situation in adäquater Weise verarbeiten.

Dichter und Milizionär

Der Bildhauer und Dichter Dmitrij Prigow war unter den Schriftstellern der erste, der eine radikal postutopische Position bezog, und wurde dank dessen, neben Kabakow und Bulatow, in den entsprechenden Kreisen der Moskauer Intelligenz zu einer Art Kultfigur[83]. In seinem bekannten Gedichtzyklus über den Milizionär[84] identifiziert Prigow die Macht des poetischen Worts mit der Staatsmacht, oder, genauer, er spielt mit der Möglichkeit einer solchen Identifizierung. Die Figur des Milizionärs erscheint bei ihm als Christusfigur, die Himmel und Erde, Gesetz und Realität, göttlichen und irdischen Willen vereint:

> Auf seinem Posten steht der Milizionär
> Bis weit nach Wnukowo läßt er die Blicke schweifen
> Nach Westen und nach Osten blickt der Milizionär
> Dahinter ist es nur noch wüst und leer
> Doch auf das Zentrum mit dem Milizionär
> Eröffnet sich der Blick von allen Seiten
> Von allen Seiten blickt man auf den Milizionär
> Von Osten blickt man auf den Milizionär
> Von Süden blickt man auf den Milizionär
> Vom Meer her blickt man auf den Milizionär
> Vom Himmel blickt man auf den Milizionär
> Und aus der Erde auch ...
> > > Denn er versteckt sich nicht

Mit seinem Zyklus greift Prigow auf eine sowjetische poetische Mythologie zurück, die in den ersten Jahren der Stalinzeit begrün-

det wurde und vom Lob auf den Milizionär in Majakowskijs *Gut!*
bis zu Sergej Michalkows kitschigem Kinderpoem *Onkel Stjopa
ist Milizionär* reicht:

> Der Milizionär spaziert ganz in Gedanken
> Im Park verfärbt sich schon das Laub
> Da sieht er, wie die Himmelsschranken
> Sich öffnen gerade über seinem Haupt
>
> Und so der Zukunft zugewandt
> Vermählt die Welt er seinen Wünschen
> Wenn erst verschwinden wird sein Amt
> Inmitten einsichtiger Menschen
>
> Dann legt er seine Mütze nieder
> Den Gürtel auch und das Gewehr
> Und alle Menschen werden Brüder
> Und jeder wird ein Milizionär

Doch dieser Rückgriff ist alles andere als ironisch; Prigow erlebt
den eigenen Wunsch, mit dem poetischen Wort die Seelen zu
erobern, als dem Mythos vom Milizionär zutiefst verwandt und
erkennt im Milizionär seinen erfolgreicheren Rivalen im Kampf
um die Huld des Himmels:

> Im Restaurant der Literaten
> Trinkt Bier der Milizionär
> Er trinkt, sein Auge wird ihm schwer
> Und kann nicht sehn die Literaten
>
> Die aber sehen zu ihm hin
> Um jenen wird es leer und licht
> Und alle ihre Künste sind
> Ein Nichts in seinem Angesicht
>
> Es selbst ist Sinnbild für das Leben
> Die Mütze Sinnbild für sein Amt
> Kurz ist das Leben, und die Kunst ist lang
> Doch im Scharmützel siegt das Leben

Der poetische Impuls als Streben nach dem »Idealen«, dem »Harmonischen«, dem »gute Gefühle« Weckenden erweist sich als ursprüngliche Manifestation des Willens zur Macht, und der Poet erkennt seinen Doppelgänger in einer Figur, die ihm in höchstem Grade fremd, geradezu konträr sein müßte. Doch dieses Erkennen bedeutet nicht, daß sich Prigow zum Zeichen des Protests dem Anarchischen, Disharmonischen, einer Ästhetik des Bösen zuwendet: Dieser Weg ist von der Kultur schon erprobt; und er hat erbracht, daß der ursprüngliche poetische Impuls, der ja auf die Einwirkung auf die Seele, auf die Welt oder zumindest die Sprache aus ist, innerlich auch dann an die göttliche Ordnung appelliert, wenn sie sie abzulehnen scheint:

Der Millizionär traf einen Terroristen
Und sagte ihm: Du bist ein Terrorist
Ein Anarchist und geistig sehr gefährdet
Ich aber bin das Recht auf dieser Erde

Der Terrorist versetzte: Die Freiheit nur will ich
Sie ist für deinesgleichen nicht geschaffen
Verschwinde, du versperrst zu ihr den Eingang
Ich töte dich trotz deiner vielen Waffen

Der Milizionär erwiderte verwegen:
Du schaffst es nicht, mich umzubringen
Das Fleisch zerreißt du wohl, zerfetzt die Uniform
Mein Bild jedoch ist deinem Wüten überlegen

Beim Aufeinandertreffen des Poeten und Anarchisten und der Macht liegt der »geistige Sieg« auf seiten der Macht und nur der »materielle« auf seiten des Poeten, des Protestierenden, des Dissidenten. Diese Umkehrung der gewohnten Rhetorik, hinter der die Erfahrung der Stalinzeit steht, die gestrige Anarchisten, Dichter und Revolutionäre zu Milizionären der neuen Zeit machte, drückt eine tiefere Skepsis bezüglich der Möglichkeiten und der Bedeutung des poetischen Wortes aus, als das in der Epoche der Avantgarde denkbar war. Prigow sucht nicht, wie Chlebnikow, nach einer reinen Zaum-Sprache, um die totale Unabhängigkeit von jeglichem bedeutsamen Wort zu erlangen und damit die Unabhängigkeit von jeglicher äußeren Kontrolle der Macht, der Tradition, des »Alltags« etc. über seine poetischen Ziele; für Prigow verschmilzt Chlebnikow selbst, der »Vorsitzende des Erdballs«, und sein absoluter Anspruch auf die magische Macht des eigenen, selbstproklamierten Wortes mit der Figur des Milizionärs, der nicht umsonst von Chlebnikows Nachfolger Majakowskij besungen wurde.

Prigow behauptet und thematisiert hier die Verwandtschaft der poetischen und der politischen Ideologie und des poetischen und des politischen Willens zur Macht. Er tritt selbst oft in der Uniform eines Milizionärs auf und wendet sich mit Appellen zu guten Taten und gutem Benehmen ans Publikum. Der Wunsch der Avantgarde, sich selbst und die eigenen Ausdrucksmittel zu reduzieren, verkehrt sich bei ihm in den umgekehrten Wunsch nach Expansion über die Grenzen der traditionellen Rolle des Poeten hinaus, wie Komar und Melamid nutzt er jene durch »Familienähnlichkeit« verbundenen Analogien – analog zum Personenkult Stalins –, um ein Simulacrum des Kults der eigenen Persönlichkeit zu schaffen und um so der Macht Stalins gewissermaßen »hintenrum« zu entkommen.

Prigow mythologisiert auch den Raum, in dem sich sein poetisch-staatsbezogener Kult entfaltet – Moskau. In seinem Zyklus *Moskau und die Moskauer* vereinen und ähneln sich sämtliche Moskauer Mythen: Moskau als das Dritte Rom (»Ein viertes wird es nicht geben!«), Moskau als die apokalyptische Stadt, als das himmlische Jerusalem, das alle Völker, nach Dostojewskij, in »Schönheit« vereint, Moskau als Hauptstadt der sozialistischen Welt, als Gegengewicht zum kapitalistischen Bösen, zur Unterdrückung der Klassen und Völker, zu Militarismus und Imperialismus, Moskau als die »verborgene«, »mit sich weggetragene« Stadt, das heißt als Emigration, die das »wahre Moskau« und ganz Rußland vor den Bolschewiki rettet, bzw. Moskau als »Untergrund«, als Stadt der Dissidenten, Moskau als die Sprache Moskaus, als das wahre poetische Wort usw. All diese äußerlich so unterschiedlichen Moskaubilder haben eines gemeinsam – in allen ist Moskau das Symbol des Wahren, Guten, Schönen, das imperiale Zentrum, das der ganzen Welt entweder standhält oder über sie herrscht. Prigow hält diese zentrale Lage Moskaus für die natürliche und unverzichtbare Bestätigung der Zentralität der eigenen poetischen Begabung. Ihm ist vollkommen bewußt, daß die sowjetischen Langstrecken- und sonstigen Raketen seinem poetischen Wort ein spürbares zusätzliches Gewicht verleihen – selbst wenn dieses Wort gegen den sowjetischen Militarismus gerichtet ist, und dieses Bewußtsein sucht er, anders als viele andere, nicht zu verbergen. Damit unterzieht sich Prigow als Poet, als jemand, der einen poetischen Mythos seiner selbst schafft, einer tieferen und kritischeren Analyse, als es die traditionelle modernistische Demythologisierung zu tun bereit ist.

Ein grausames Talent

Auch der junge, hochbegabte Moskauer Prosaschriftsteller Wladimir Sorokin macht den ideologischen Charakter und die Zweideutigkeit jedes poetischen Worts sowie die innere Einheit der einer Legitimation von Künstlern, Dichtern, Politikern, Ideologen und mystischen »Herrschern über die Seelen« dienenden Narrative zum Gegenstand der Reflexion. Seine Sujets sind dabei von oftmals schockierender Brutalität, sie huldigen der sogenannten »Ästhetik des Widerlichen«. Hierin zeigt sich zweifellos der Einfluß einer Reihe »inoffizieller« sowjetischer Autoren der sechziger Jahre, die der optimistischen und »rosa gefärbten« offiziellen Ästhetik eine Darstellung der »Abgründe der menschlichen Seele« und des »wirklichen Lebens« in aller radikalen Abscheulichkeit entgegensetzen wollten. Einen besonderen Platz unter diesen Autoren nimmt Jurij Mamlejew ein, der in meisterhaften, im Geiste Dostojewskijs, doch unter Einsatz weit radikalerer Mittel geschriebenen Erzählungen oftmals dämonische, »perverse« Rituale der Rettung der menschlichen Seele vor den Schrecknissen der Welt beschreibt.[85]

Sorokins Erzählung *Saisoneröffnung*[86] schildert zwei Jäger, die in der charakteristischen Manier der »Dorfprosa« über den Sittenverfall unter der Dorfbevölkerung, die Schönheit der Natur und die Zerstörung der Umwelt räsonnieren und sich im Verlauf der Erzählung als Menschenfresser erweisen, die ihre Opfer mit dem Abspielen von Wysockij-Liedern auf Kassette anlocken. Die kurze Erzählung verbindet drei Mythen: den nationalsozialistisch-ökologischen, den liberalen der Dissidenten (vor allem in diesen Kreisen ist Wysockij sehr populär) und die mystische Tradition Mamlejews. Die heisere Stimme Wysockijs mit ihrem Anspruch auf Spontaneität und Authentizität erweist sich in der monotonen Wiedergabe über den Kassettenrecorder als Köder, und die Idylle der »Dorfprosa« als Falle für den intellektuellen Ausflügler. Den Mord selbst nimmt Sorokin aber nicht ernst, er ist nur ein literarisches Spiel, das jede »moralische« Reaktion ausschließt, ein stilisiertes Ritual, das auf eine bestimmte literarische Tradition verweist.

Ähnlich aufgebaut ist auch Sorokins Erzählung *Auf der Durchreise*[87], in der ein hoher Parteifunktionär die Genehmigung eines Projektvorschlags der örtlichen Organe in der Weise vollzieht, daß er auf den Schreibtisch steigt und auf die Projektakte scheißt: Das Ritual der Parteisitzungen kippt übergangslos um in ein rätselhaftes »privates« Ritual, das nach Bachtin auf die »leibliche Basis, den Unterleib«[88] verweist. Doch dieses Ritual hat, anders als in Bachtins Theorie, nichts Karnevalistisches und ruft kein Lachen hervor, – in seinem betonten Ernst und seiner Bedeutsamkeit unterscheidet es sich nicht im geringsten vom vorausgegangenen Ritual der »hohen«, »offiziellen« Kultur. Das Pathos des »Volkskarnevals«, der – nach der Theorie Bachtins, auf die hier zweifellos Bezug genommen wird – den »karnevalistischen« Menschen von der Herrschaft der offiziellen, »monologischen« Kultur befreit und der auf einer schroffen Gegenüberstellung von Oben und Unten, Ernst und Scherz, Offiziellem und Volkstümlichem, Geistigem und Körperlichem basiert, verliert sich bei Sorokin vollkommen. Er hebt in seiner Erzählung diese schon gewohnten Oppositionen auf: Die Rituale von »oben« und »unten« gehen ebenso ineinander über, kodieren sich ebenso ineinander um wie die Narrative der Avantgarde und des Sozialistischen Realismus.

Diesen letzteren Typ des Übergangs demonstriert Sorokin glänzend in einem der Kapitel seines Romans *Die Norm*[89]. Dieses Kapitel, eine Zusammenstellung von Briefen eines alten Pensionärs, der auf der Datscha irgendwelcher privilegierten Leute lebt und deren Grundstück bebaut, beginnt, wie oft bei Sorokin, mit Szenen einer dörflichen Idylle, deren Beschreibung, ganz im Geiste der russischen Neo-Nationalisten, sich mit der moralischen Entrüstung über die reichen städtischen Nichtstuer verbindet, für die

110

der Alte arbeiten muß. Diese Entrüstung steigert sich nach und nach derart, daß dem Alten die gewöhnlichen Worte zu ihrem Ausdruck nicht mehr genügen und er seinem Zorn in einer Art »Zaum«-Sprache Luft zu machen beginnt. Dies verleiht seinen Briefen den Charakter der »Zaum«-Texte der russischen Avantgarde und setzt die poetischen Eingebungen Chlebnikows mit einer Art sprachlichem Schaum vor dem Mund eines beschränkten Kleinbürgers gleich, den das Leben zu einem hysterischen Wutausbruch getrieben hat.

Wenn Sorokin verschiedene Stile, literarische Verfahren, Mythen, »hohe« und »niedere« Genres kombiniert, versteht er dies selbst keineswegs nur als subjektives Spiel, als einen Akt individueller Freiheit, als einen Protest gegen die Tyrannei des »modernistischen Diskurses« mit seiner Einstellung auf den »absoluten Text«. Es handelt sich auch nicht, wie schon gesagt, um einen Akt der »Karnevalisierung« der Literatur im Sinne Bachtins. Sorokin kombiniert und zitiert nicht willkürlich verschiedene Typen von literarischen Diskursen, ihm geht es vielmehr darum, deren immanente Nähe aufzuzeigen – in dieser Hinsicht ist er vielleicht eher Realist als Postmodernist. Er mischt nicht in karnevalistischer Ekstase das »Eigene« und das »Fremde«, um alle »Grenzen aufzuheben« und all das, was im Leben getrennt ist, im Mysterium und in der Kunst zu verschmelzen, sondern enthüllt hinter dieser äußeren Trennung die verborgene Einheit des mythologischen Netzes.

Während nicht nur für Bachtin, sondern auch für andere Theoretiker der modernistischen Epoche das intensive Erleben der Unzulänglichkeit des »Anderen« charakteristisch war, woraus der Wunsch resultierte, die Grenzen der eigenen Individualität zu sprengen, den Dialog und, mehr noch, eine Art körperliche Annäherung und Mischung der verschiedenen Sprachen in Gang zu bringen, ihre Vereinigung zu einem gemeinsamen »grotesken Sprachkörper«, haben Sorokin und auch viele andere Autoren der neuen »postutopischen Literatur« das Gefühl, das Individuelle sei von Anfang an im Unpersönlichen, Überindividuellen aufgelöst, das jedoch damit nicht als Unbewußtes dem Individuellen als dem Bewußten gegenübergestellt wird und ihm mit der Zerstörung droht: Jedes individuelle Bewußtsein und jeder individuelle Stil erweisen sich als innerlich mit allen anderen verwandt, ohne daß dieser Nachweis durch theoretische oder praktische Anstrengungen des Autors oder Ideologen erbracht werden müßte. Daher braucht der Schriftsteller keinen Skandal und keinen Karneval mehr[90], auch kein kollektivistisches Projekt und keinen Appell an die universalen Kräfte des Eros. Schon die einfachste Beschreibung macht die Deindividualisierung des Individuellen vollkommen durchsichtig. Problematisch wird es eher dann, wenn der Wunsch aufkommt, sich vom Anderen abzusetzen, »Individualität zu erlangen« – denn eben dieses Bedürfnis nach Individualisierung ist ja das universalste überhaupt, es verbindet alle mit allem, und je erfolgreicher ich es verwirkliche, um so mehr macht mich diese Verwirklichung dem Anderen innerlich ähnlich. Während der klassische Modernismus in der Individualität eine objektive Realität sah, die vom besonderen Platz ihres Trägers in Raum und Zeit, in der Geburtenkette usw. bestimmt ist, so daß sich die Frage nach der Überwindung dieser naturgegebenen Individualität stellte, wozu man sich wieder an materielle, »reale« – seien es soziale, libidinöse oder sprachliche – Kräfte zu wenden hatte, so sieht das zeitgenössische postutopische Denken in der Individualisierung eine bestimmte Strategie, die in diesem oder jenem Maße allen eigen ist, und im Streben nach Überwindung der Individualität nur die extreme Exaltation dieser Strategie; so versuchten die Künstler der Avantgarde gleichzeitig, die ihnen von der Tradition gegebene Individualität zu überwinden und hinter dieser ihre »wahre«, verborgene Individualität zu finden. Nicht zufällig machte gerade die Ablehnung des Individuellen zugunsten des Ursprungs, zugunsten des »Originären« die Propheten der Avantgarde zu solchen Individualisten und »Originalen«.

Der Kreml-Chronist

Eine Art Familienchronik der neuen europäischen und sowjetischen Mythologie stellt Sascha Sokolows Roman *Palisandrija*[91] dar. Der Roman ist so reich an mythologischen und metaphorischen Bezügen, daß jede halbwegs gewissenhafte Kommentierung eine äußerst mühevolle Sache wäre, wäre sie nicht teilweise schon vom Autor selbst geleistet, denn der Roman ist eine Art

Eigenkommentar. Wie auch in der griechischen Mythologie sind bei Sokolow alle sich befehdenden Götter miteinander verwandt. Der Held des Romans, Palisandr (der Name verweist auf den Vornamen des Autors, Aleksandr, wie auch auf Alexandrien mit seinem Eklektizismus, der noch verstärkt wird durch das »Poly-Sandrien«, auch auf das Rotholz »Palisander«, das Symbol der aristokratischen Tradition), ist im Grunde ein Künstler, ein Schöpfer, der in den Raum der Posthistorie geworfen ist, wo jedes Werk unmöglich wird.

Der Roman setzt damit ein, daß die Zeit stehenbleibt – an der Turmuhr des Kreml erhängt sich der Verwandte und Vormund des Helden, Laurentij Berija, der Staatssicherheitschef und das Symbol des Stalinschen Terrors. Das Stehenbleiben der Zeit trifft also mit dem Zusammenbruch des Stalinschen totalitären Projekts zusammen. Bezeichnenderweise wird der Staatssicherheitsdienst (deren Agent auch der Held ist) als »Orden der Uhrmacher« apostrophiert. Der Mythos von der allwissenden Staatssicherheit, die insgeheim das Leben steuert, erweist sich als neue Variante des Schicksalsmythos, des Mythos der göttlichen Vorsehung. Der Tod dieses Mythos bedeutet den Anbruch der Zeitlosigkeit. Stalins Kreml-Welt, in der der Held aufwächst, wird als ein Paradies geschildert; doch dieses ist nicht das Paradies der vorhistorischen Zeit, sondern das Paradies der Geschichte, in dem alle historischen Figuren durch Blutsverwandtschaft in intimer Weise miteinander verbunden sind: Für den Historiker und Künstler wird die Geschichtschronik zur Familienchronik. Die Vertreibung aus dem Paradies, der der Held zum Opfer fällt, geschieht deshalb nicht als Vertreibung in die Geschichte, sondern aus der Geschichte – in den Verlust des historischen Gedächtnisses, in die Alltäglichkeit, in der die historischen Helden ihre ewige Jugend verlieren.

Bezeichnenderweise erinnert sich Palisandr, obwohl er mit allen historisch bedeutenden Figuren der Neuzeit – seien es nun die Kreml-Machthaber oder die Machthaber der westlichen Obrigkeit – verwandt oder persönlich gut bekannt ist, nicht an seine Eltern. Wie in der platonischen Utopie erkennt der Mensch in Stalins Idealstaat seine Eltern in allen, zugleich aber kennt er sie nicht. Palisandrs Leidenschaft richtet sich daher ausschließlich auf alte Frauen, die ihm die Mutter ersetzen. Die Übertretung des ödipalen Verbots in bezug auf die eigene Familie und auch in bezug auf den Staat – Palisandr verführt Breschnews Frau Viktorija und verübt ein Attentat auf Breschnew selbst, der ihm »wie ein Vater war« – bedeutet die Negation der Zeit, das Anbrechen der posthistorischen, utopischen Existenz, in der Empfängnis nicht mehr möglich, die Mutter nicht wiederzuerkennen und die paradiesische Freiheit der Wünsche absolut ist. Die Vertreibung aus diesem Paradies, die für den Helden mit der Emigration in den Westen zusammenfällt, geschieht aus Anlaß eines ihm vom Staatssicherheitsdienst (Andropow persönlich) eingegebenen Projekts: Er soll die Verbindung der Zeiten wiederherstellen, und zwar durch ein Treffen mit der emigrierten alten russischen Kultur, die ihm verspricht, ihn an Enkels Statt anzunehmen, ihm durch die Hinwendung zu einer noch weiter entfernten Vergangenheit den nach dem Tode Stalins verlorenen Vater und verlorenen Staat zu ersetzen und so die Zeit, die Geschichte wieder in Gang zu bringen.

Das Exil des Helden wird in einer Terminologie geschildert, die auf alle Mythen der zeitgenössischen Kultur verweist: Gemäß der Lehre Freuds schaut der Held im Exil zum erstenmal in den Spiegel, wie bei Jung entdeckt er an sich hermaphroditische Züge, wie bei Marx erlebt er sich in der kapitalistischen westlichen Gesellschaft als entfremdet, usw. usw. Die »Annahme an Enkels Statt« erweist sich als unmöglich, und die Emigration – lebt auch in der nachhistorischen Welt, zeitigt ein Gefühl des »déjà vu«; doch trotzdem erfüllt der Held seine Mission. Der Gang durch das Negative, durch die Entfremdung, durch die Hölle verleiht ihm mythische Integrität und läßt ihn alle Geheimnisse des Erfolgs begreifen: Mit halbkriminellen Machenschaften verdient er ein Vermögen, er erhält alle Nobel-Preise (der ewige Traum des dissidentischen russischen Schriftstellers), und schließlich macht man ihm den Vorschlag, nach Rußland zurückzukehren, wohin er sich auch aufmacht, nicht ohne aus dem Jenseits (der westlichen Welt) die Särge aller fern der Heimat beerdigten Russen mit sich zu nehmen. Doch sein Sieg verwandelt sich schließlich in eine Niederlage: Der Lauf der Zeit ist wiederhergestellt, allerdings auf einer endlosen Zahl von Zifferblättern, von denen jedes seine eigene Zeit angibt.

Die Kultur der Stalinzeit wird so bei Sokolow zum historischen

Paradies, zur Vereinigung alles Historischen in einem umfassenden Mythos. Der Zusammenbruch dieser Kultur bedeutet zugleich das endgültige Ende der Geschichte. Der Held befolgt alle Rezepte der zeitgenössischen Kultur, die ihm die verlorene Ganzheit wiederzugeben versprechen: über die Emigration in die russische Vergangenheit, über die psychoanalytischen Mythen der Libido und der Anima, über die Hinwendung zum Verbotenen, Verdrängten, politisch wie erotisch Unzulässigen versucht er, aufs neue in die Geschichte zurückzukehren und wie Hamlet aus eigener Kraft die zerstörte Verbindung der Zeiten wiederherzustellen; er versucht, wiederum den Mythos nicht zu »demythologisieren«, sondern auszuweiten, zu »remythologisieren« und damit wieder ein Narrativ zu ermöglichen. Doch die innere Einheit des historischen Mythos erweist sich selbst als unhistorisch: Die Utopie des Historischen ist ebenso unmöglich wie die des Austritts aus der Geschichte.

Sokolow – und darin zeigt sich seine Herkunft aus der Kultur des Sozialistischen Realismus – versteht die Ideologien unserer Zeit – Marxismus, Freudianismus, Jungianismus, Strukturalismus – nicht als reflektierende Diskurse, nicht als Interpretationsschemata für das Verständnis eines literarischen Erzählens, die aus rationalen Gründen akzeptiert oder abgelehnt werden können, sondern als eigene literarische Narrative par excellence, als echte Sujetschemata unserer Zeit. Während diese Ideologien auf der Metaebene als Konkurrenten auftreten, zeigen sie auf der Ebene des Narrativs eine enge Verwandtschaft mit den Erzählungen aller Zeiten und Völker. Darum treten sie bei Sokolow, wie auch bei Sorokin, nicht in einen Dialog, sie konkurrieren nicht miteinander, mischen sich nicht »karnevalistisch« wie bei Bachtin, sondern inszenieren friedlich ihre familiären Spiele, zwinkern einander zu und freuen sich über ihre Familienähnlichkeit. Sokolows Welt ist polymorph, doch nicht pluralistisch, denn jeder Pluralismus setzt die Unvereinbarkeit verschiedener »Standpunkte«, »Diskurse«, »Ideologien« usw. voraus, zwischen denen sich zwei Beziehungen anbieten: die der »rationalen Diskussion« oder die der irrationalen Macht. Daher wird der Anspruch, diese »individuellen Perspektiven« zu vereinen, von den Verfechtern der »Andersartigkeit des Anderen« und seiner »Irreduzierbarkeit« sofort irgendeines Totalitarismus, Hegemonismus oder

Willens zur Macht bezichtigt. Wie auch viele andere zeitgenössische russische Autoren demonstriert Sokolow dagegen, daß der ideologische Pluralismus unserer Zeit illusorisch, selbst ein ideologisches Konstrukt ist. Wenn auch die zeitgenössischen »Theorien« einander widersprechen oder sich, genauer, als logisch miteinander unvereinbar erweisen, so haben ihre Narrative um so größere Ähnlichkeit; ein und dasselbe Sujet kann die Geschichte eines Künstlers erzählen, der die weibliche Seite seiner Seele entdeckt, eines Tagelöhners, der unter den Bedingungen der Entfremdung lebt, eines Agenten des Staatssicherheitsdienstes in feindlicher Umzingelung, eines Dissidenten, der die Wahrheit außerhalb der Grenzen der Sowjetunion sucht usw. Sie alle beschreiben ein und dasselbe Ritual der Individuation durch das Heraustreten aus dem »Gegebenen«, »Üblichen«, »Traditionellen«, »Geforderten«, sie alle finden auf diesem Weg eine neue Wahrheit und verkünden diese der Menschheit. Sich dieses Rituals bewußt zu werden bedeutet, sich der Unausweichlichkeit der Geschichte, des historischen Narrativs zu stellen. Sie ist weder durch den einmaligen, endgültigen Übertritt über die Grenzen des Historischen in den Raum der außerhistorischen Wahrheit noch durch die Zeitlosigkeit des Pluralismus zu überwinden: die »historische Geschichte« ist die Geschichte der Versuche ihrer Überwindung.

Die zeitgenössische russische postutopische Kunst, die wir nun in einigen Phänomenen beschrieben haben, liegt selbstverständlich auf der Linie dessen, was heute allgemein als »Postmoderne« bezeichnet wird. Der Versuch, die Grenzen zwischen dem »Hohen« und dem »Niederen« in der Kultur zu verwischen, das Interesse für die Mythen des Alltags, die Arbeit mit fertigen Zeichensystemen, die Orientierung an der Welt der Massenmedien, die Absage an schöpferische Originalität und vieles andere verbindet die russische Literatur und Kunst der siebziger und achtziger Jahre mit dem, was zur gleichen Zeit im Westen passierte und passiert. Man kann darüber hinaus auch sagen, daß die Hinwendung der amerikanischen Pop-Art zur visuellen Welt der Reklame bei vielen russischen Künstlern und Intellektuellen das Interesse an der sowjetischen ideologischen Massenpropaganda erst geweckt hat.[92] Eine gewisse Rolle spielte in dieser Beziehung auch die Bekanntschaft mit französischen poststrukturalistischen Denkern wie Michel Foucault, Roland Barthes u. a.

Im übrigen aber unterscheidet sich die russische Variante der Postmoderne in einer Reihe von Aspekten deutlich von der westlichen; auf diesen Unterschied wollen wir zum besseren Verständnis nun eingehen.

Vor allem geht es dem russischen Postutopismus nicht um einen Kampf gegen den Fortschritt. Die antiindustrielle und antirationalistische Einstellung ist eher bei den Schriftstellern der »Dorfprosa« zu finden, auf seiten der konservativen offiziellen Ideologie, die man als National-Ökologismus bezeichnen könnte. Diese Ideologie, die sich um die Erhaltung des russischen Volkes und seiner traditionellen Lebensweise bemüht, als ginge es nicht um erwachsene Menschen, sondern um Galapagos-Schildkröten, ist in ihrem Wesen utopisch. Wie auch die anderen zeitgenössischen Utopien will sie den Fortschritt gegen sich selbst zurückwenden, ihn mit seinen eigenen Kräften zum Stehen bringen, mit den Mitteln der Technik das natürliche, von eben dieser Technik zerstörte Paradies wiedererrichten. Doch der Versuch, den Fortschritt aufzuhalten, war, wie bereits gesagt, schon Grundimpuls der russischen Avantgarde und begründet auf jeden Fall das Pathos des Stalinismus, der bekanntlich ganz Rußland gemäß seinen »wahrhaft volkstümlichen nationalen Traditionen« in eine »Gartenstadt« verwandeln wollte. Die national-ökologische Utopie weist also in der Sowjetunion eine zu große Verwandtschaft zu den bereits bekannten Utopien der Vergangenheit auf, als daß sie irgend jemanden anziehen könnte, der mit der jüngeren Geschichte einigermaßen vertraut ist.

Die Ausrichtung auf das Ende der Geschichte, das Ende des Fortschritts, die »hausgemachte Apokalypse« atomaren oder ökologischen Typs kennzeichnet selbstverständlich auch nicht die gesamte westliche Postmoderne, sondern eher nur deren oberflächliche Rezeption als neuen Antimodernismus, der sie im Grunde nicht ist. Für Derrida definiert sich das poststrukturale, postmoderne Bewußtsein eher über das »Ende des Endes«, über die Unmöglichkeit einer Apokalypse[93], und diese Lesart kommt dem näher, was wir bei russischen Autoren finden können, allerdings mit einer wesentlichen Einschränkung: Für Derrida ist das Bewußtsein in einer unendlichen Struktur der Differenzen, die nicht zu beschreiben ist, wie das der klassische Strukturalismus hoffte, gefangen, und darum sind Authentizität, Präsenz und Individualität unmöglich; ihr Weg zu sich selbst ist unendlich. Die »Differenz«, die das Bewußtsein nicht zum Sinn gelangen läßt, oder anders gesagt, die Kluft zwischen »Ideologie« und »Realität« ist für den Poststrukturalismus unüberwindlich: Man kann auf diese Kluft nur negativ verweisen, indem man den ideologischen Charakter des Denkens für jeden seiner Schritte demonstriert. Mit einem Terminus von Baudrillard gesagt, haben wir es immer mit einem Simulacrum zu tun und niemals mit den Dingen selbst.

Diese Totalität des ideologischen Horizonts, die dem Glauben der Avantgarde an seine mögliche Durchbrechung entgegengehalten wird, beschäftigt die russische Kunst der siebziger und achtziger Jahre beständig und wird thematisiert als die Unmöglichkeit, aus dem geschlossenen Kreis der herrschenden sowjetischen Ideologie auszubrechen: Selbst wenn ein »Dissident« dies unter Einsatz seines Lebens versucht, bleibt er doch in mindestens zwei Hinsichten innerhalb ihrer Grenzen; zum einen bestätigt er den Manichäismus dieser Ideologie, die von ihrer Struktur her von vornherein einen Platz für ihren »Feind« bereithält, und zum anderen reproduziert er jene sozial-emanzipatorische, aufklärerische Geste, der diese Ideologie selbst zu verdanken ist und die in ihr schon ihren Platz gefunden hat. Daher kann man z.B. die Arbeiten Erik Bulatows durchaus als Versuche beschreiben, durch das Bedecken des gesamten Weltraums mit einander alternativen, insgesamt jedoch keinen Ausweg eröffnenden ideologischen Zeichen auf die »Differenz« hinzuweisen, und dasselbe ließe sich von vielen anderen Werken aus dieser Zeit sagen.

Zugleich muß jedoch gesagt sein, daß auch die Theorien der Differenz und des Simulacrums utopisch bleiben, denn sie negieren die Kategorien der Originalität und der Authentizität, die Bestandteile unseres Geschichtsbegriffs sind. In der Tat erscheint die Postmoderne in dieser Hinsicht als etwas prinzipiell Neues und Niedagewesenes, da sie jede Authentizität ein für allemal verbietet und unmöglich macht und damit das tausendjährige Reich der Differenz, der Simulation, des Zitats und des Eklektizismus ausruft. Das Pathos dieses neuen, postmodernen Evangeliums bleibt dabei vollkommen theologisch – es fordert eine neue Askese, die Lossagung von der eigenen »Seele« im

Namen eines Höheren (»Wer seine Seele hingibt, der wird gerettet werden«). Hier geht es um die höchste geistige Bestätigung dessen, daß diese Welt dem Fürsten der Dunkelheit angehört und daß die »Geistlichen« nur indirekt, im Sinne einer negativen Theologie oder, wie man in der russisch-orthodoxen Tradition sagt, »Apophatik« auf ihre Auserwähltheit verweisen können. Mit anderen Worten, das Verhältnis zur Welt und zur Geschichte bleibt in der Postmoderne kritisch, und der utopische Ausweg aus beiden findet sich in einer Art »negativer Utopie«, die traditionell utopische wie antiutopische Züge in sich vereint.

Für jemanden, der mit der offiziellen sowjetischen Lehre des dialektischen Materialismus großgeworden ist, ist dies alles im Prinzip nicht neu. Auch der dialektische Materialismus besteht ja aus der Hegelschen Relativierung jeder individuellen Position zuzüglich der als »materialistisch« verstandenen Unmöglichkeit einer endgültigen individuellen Betrachtung, einer Synthese auf der Ebene der philosophischen Anschauung; denn eine solche Synthese wird nur in der »gesellschaftlichen Praxis« für möglich gehalten, das heißt jenseits der Grenzen des individuellen Bewußtseins und überhaupt jeglichen Bewußtseins. Daher ist die offizielle sowjetische Kultur, Kunst und Ideologie ihrem Wesen nach, spätestens seit Beginn der Stalinzeit, eklektizistisch, zitathaft, »postmodern«. Das Recht, nach eigenem Gutdünken und ohne Rücksicht auf seine immanente Logik frei über das Erbe der Vergangenheit zu verfügen, nimmt sich bereits die offizielle sowjetische Kunst, so daß der Unterschied zwischen ihr und der zeitgenössischen westlichen Kunst der Postmoderne im Grunde darin besteht, daß in der letzteren die »Appropriation« des künstlerischen Erbes individuell vonstatten geht, in der Sowjetunion dagegen zentralisiert und planmäßig. In jedem Fall jedoch beantworten weder die Theoretiker noch die Praktiker des Zitierens – übrigens im Westen wie im Osten – die Frage nach der Originalität oder Authentizität der eigenen Position, die sie nötigenfalls ziemlich überzeugt gegen alle Vorwürfe der Plagiierung zu verteidigen vermögen, sofern, natürlich, das Plagiat nicht Teil ihrer Strategie ist.

Der utopische Charakter der sowjetischen Ideologie besteht, wenn man so will, in ihrer Postmodernität, in ihrem über jedes eigene Wort verhängten Verbot, »einseitig«, »undialektisch«

oder von der Praxis abgetrennt zu sein, was im ganzen denselben Effekt hat wie die westliche postmoderne Kritik. Darüber hinaus treffen sich die östliche und die westliche Kritik der Avantgarde in dem Vorwurf, sie diene den neuen Institutionen der internationalen Macht der Großkonzerne und orientiere sich am Markt. Im Westen funktionierte die Avantgarde unter den Bedingungen eines relativ stabilen gesellschaftlichen Systems, das ihrem Druck nicht nachgab und daher, in Gestalt der Mechanismen des Kunstmarktes, der Museen usw., zu ihrem Kontext wurde. Hier setzt auch die postmoderne Kritik an der Avantgarde an: Sie habe die Augen vor jenem Kontext verschlossen, habe nach isolierten Einblicken, nach der »Präsenz« ihrer Betrachtungen gestrebt, ohne dabei deren Zeichenfunktion innerhalb dieses relativ stabilen Kontexts zu reflektieren. Diese Kritik ist von ihren Grundpositionen her ganz und gar marxistisch und daher jedem sowjetischen Menschen seit langem bekannt.

Die Spezifik der russischen Avantgarde besteht, wie schon oben gesagt, gerade darin, daß sie nicht mit dem Text, sondern unmittelbar mit dem Kontext arbeitete, denn jener im Westen so stabil und selbstverständlich scheinende Kontext war in Rußland durch die Revolution zerstört. Die Künstler der russischen Avantgarde sahen ihre Arbeiten ganz und gar nicht als persönliche Betrachtungen oder Offenbarungen an – so kann man sie erst infolge ihrer sekundären Ästhetisierung im Rahmen der westlichen Museen auffassen –, sondern als Entwürfe einer Umgestaltung des praktischen Lebenskontextes und all seiner Einrichtungen, darunter auch jener, innerhalb derer sich die Produktion und Verteilung der Kunst vollzieht. Diese Umgestaltung ist von Stalin real geleistet worden. Die neue Mentalität der Postmoderne entstand im Westen aus der Niederlage der Avantgarde, aus deren Einbettung in einen Kontext, der ihren ursprünglichen Zielen äußerlich war und sie damit mit seiner stabilen Realität verführte, während die postmoderne Mentalität im Osten aus dem Sieg der Avantgarde hervorging, aus der von ihren Impulsen geprägten Umgestaltung des gesamten Lebensbereichs des sowjetischen Menschen – hieraus entstehen, wie gesagt, die wichtigen Unterschiede in ihren Reaktionen auf die neue Situation.

Wenn man diese Unterschiede summieren wollte, könnte man sagen, der östliche Postutopismus ist nicht ein Denken der »Differenz« und des »anderen«, sondern ein Denken der Indifferenz. Der Homo sovieticus, der den Zusammenbruch des Stalinschen Projekts, das Scheitern des Auszugs aus der Weltgeschichte erlebt hatte, wollte zunächst zurück in die Geschichte, was z.B. die in den sechziger Jahren von Chruschtschow ausgegebene Losung »Amerika einholen und überholen« illustriert. Der sowjetische Mensch erfuhr in diesem Moment plötzlich zu seinem größten Schrecken, daß er aus der Weltgeschichte, aus dem gemeinsamen Weltkontext herausgefallen war. Die Utopie war zur Antiutopie geworden, das Überschreiten des Historischen hatte zu einem schrecklichen Einbruch ins beinahe Prähistorische geführt. Die Künstlichkeit und Manipuliertheit seines gesamten, vom Regime – eben infolge des Verlusts des normalen Kontexts – für ihn geschaffenen Lebensbereichs entwertete ihm innerlich all seine Gefühle und Gedanken und verwandelte sie sozusagen in Zeichen einer nichtexistenten und von niemandem zu gebrauchenden Sprache. Doch wie es gewöhnlich in solchen Fällen ist, folgte auf den ersten Schock sogleich der zweite: Im selben Moment, als der sowjetische Mensch vor allem aus der Utopie hinaus, zurück in die Geschichte wollte, entdeckte er, daß es diese Geschichte nicht mehr gab und eine Rückkehr unmöglich war. Im Westen, den man »einholen« sollte, eilte niemand mehr irgendwohin und waren alle Hoffnungen auf Veränderungen infolge des Verschwindens jeglicher historischer Perspektive, jeder Orientierung an der Zukunft, verschwunden. Es zeigte sich, daß die Utopie, aus der die sowjetischen Menschen kamen, die letzte war und ihr Zusammenbruch für den Westen einen ebensolchen Verlust bedeutete wie für ihre unglücklichen Bewohner.

Die postutopische russische Kunst kann als Reaktion auf diese beiden aufeinanderfolgenden Schocks begriffen werden. Ihr Sinn bestand darin, sich über Text und Kontext keine Sorgen mehr zu machen, das heißt einen Zustand der Indifferenz hinsichtlich dessen zu erreichen, ob das Denken des Individuums hundertprozentig von einem bösen mächtigen Geist manipuliert ist oder nicht, ob es authentisch ist oder nicht, ob sich ein Simulacrum von der Realität unterscheidet oder nicht, usw. Für einen Menschen, der sein ganzes Leben unter dem Stalinismus gelebt und nur Stalins *Kurzen Kurs der Geschichte der VKP/b/* gelesen hat, sind das eigene Leben und auch die eigenen Gedanken und

Gefühle – infolge ihrer Begrenztheit und der Abwesenheit jedes äußeren Kriteriums, das sie als nicht »vollwertig« abstempeln könnte – ebenso authentisch wie für den Bewohner kapitalistischer Länder. In dem Moment, wo wir begreifen, daß es nicht nur die eine, von Borges beschriebene babylonische Bibliothek gibt, sondern, sagen wir, auch eine von Stalin zusammengestellte, hören wir auf, uns Gedanken zu machen, in welcher dieser Bibliotheken das von uns Geschriebene welchen Platz einnimmt. Soll mein Text nur ein Zug im unendlichen Spiel der Sprache sein, doch auch die Sprache ist nur ein Zug in meiner Rede: Man kann nicht nur etwas in einer gegebenen Sprache sagen, man kann sich auch eine neue Sprache ausdenken, die nicht unbedingt verständlich sein muß, um in ihr sprechen zu können, doch auch nicht unbedingt unverständlich.

Mit gewissen Einschränkungen kann man sagen, daß der Übergang zum Zitieren, Simulieren usw. bei den Theoretikern und Praktikern der zeitgenössischen westlichen Kunst von ihrer oppositionellen Haltung in sozialen und politischen Fragen diktiert ist, von ihrer kritischen Einstellung zur Wirklichkeit, die sie mit ihrem Werk nicht »vermehren« und »bereichern« wollen; sie ziehen es vor, nur das Vorhandene zu duplizieren, einen Null-Zug einzulegen, den sie als neutralisierenden, transideologischen begreifen. Doch selbstverständlich ist ein solches Programm vollkommen utopisch und schafft nur neue künstlerische Moden.

Der russische Postutopismus macht diesen Fehler nicht, denn er hat bereits die Erfahrung der offiziellen sowjetischen Kunst vor Augen. Er sagt sich weder vom Utopischen noch vom Authentischen los, doch betrachtet er beides nicht in seiner Vollendung, sondern in seinem Wert als Narrativ, das er als sein eigenes reproduziert, wobei er eher die Verwandtschaft aller Narrative als deren Konkurrenz betont. Darum besteht der zeitgenössische russische Künstler oder Schriftsteller nicht auf der Originalität seines Wunsches, etwas Originelles zu schaffen, und sagt sich auch nicht zugunsten noch größerer »postmoderner« Originalität von ihm los, sondern integriert den Mythos des eigenen Schöpfertums, Demiurgentums, in die ererbte Mythologie: Jeder Künstler baut seinen eigenen Sozialismus in einem Lande mit dem vollen Bewußtsein der universellen Mythologizität der privaten Utopie. So sagt Kabakow, die russische Avantgarde habe im ehrlichen Glauben, eine Epoche der sozialen und kosmischen Erneuerung zu beginnen, Rußland als rituelles Opfer betrachtet, das für den Prozeß der universellen Transformation geleistet werden müsse. Die Gegenwart, in der die Künstler der Avantgarde lebten, ließ sie darum trotz aller Verluste und Leiden nicht an dem Glauben zweifeln, das in der Zukunft wiederzuerrichtende Paradies liege nur in der russischen Vergangenheit und der Vergangenheit überhaupt, so daß die Gegenwart sich darauf reduzierte, in einer utopischen Euphorie, in einer utopischen Ekstase ein grandioses nationales und persönliches Opfer zu bringen. Kabakow sagt weiter, die russische Avantgarde habe »die ganze Trübsal unvorstellbarer Jahrhunderte und Pharao oder Kaiser xy der Erste und xy der Zweite« nicht begreifen können, die unendliche Hoffnungslosigkeit und Monotonie, die in dem »postutopischen Kosmos«, der uns umgibt, zur realen Zukunft geworden sind. Doch zugleich, bemerkt Kabakow, »bedeutete hier in Rußland der Kollaps der großen Utopie nicht den Kollaps jeglichen utopischen Denkens«. Er spricht davon, daß seine eigene Kunst auch jene privaten, »unvollkommenen Utopien, kleinen Feste, Illusionen über die Wirklichkeit, Fragmente des Paradieses im Alltag« beschreibe, und betont, »die Befreiung von diesen kleinen Utopien ist nicht weniger schrecklich. Das ist, als hätten Sie ein großes Tier erlegt, und entdeckten dann, daß Sie es in Zukunft mit Ratten zu tun haben werden«.[94] Die tausendjährige Hoffnungslosigkeit des Alltäglichen und Monotonen, von der Kabakow spricht, ist auch die tausendjährige Hoffnung auf das Tausendjährige Reich. Wenn der Künstler mit Utopien lebt wie mit Ratten, kann er sich nur damit trösten, daß er Rattenjagden inszeniert.

4
Die Designer des Unbewußten

Die kurze Betrachtung der russischen Kultur der vor- und nachstalinschen Periode gibt uns die Möglichkeit, das Phänomen der Kultur der Stalinzeit genauer zu bestimmen. Die Kultur der Stalinzeit brachte ans Licht, was Vorbedingung der Avantgarde gewesen war, doch in ihrer künstlerischen Praxis nicht explizit ausgedrückt werden konnte: den Mythos vom Demiurgen, dem Umgestalter der sozialen und kosmischen Welt; und diesen Mythos stellte sie ins Zentrum ihres gesamten sozialen und künstlerischen Lebens. Die Kultur der Stalinzeit bleibt, wie die Avantgarde, an der Zukunft orientiert, sie ist projektiv und nicht mimetisch, sie versinnbildlicht den kollektiven Traum von einer neuen Welt und einem neuen Menschen und nicht das individuelle Temperament eines einzelnen Künstlers, sie schließt sich nicht in Museen ein, sondern sucht den aktiven Eingriff ins Leben – kurz gesagt: man kann sie auf keinen Fall einfach »regressiv«, vor-avantgardistisch nennen.

Zugleich interessiert sich die Kultur der Stalinzeit vor allem für den Schöpfer dieser neuen utopischen Welt, der in der Kunst der Avantgarde gewissermaßen außerhalb des zu errichtenden Projekts, in einer Gegenwart zurückbleibt, die nur Präludium der Zukunft ist. In dieser Hinsicht hat die Avantgarde sozusagen etwas »Alttestamentliches«: Ihr Gott ist der von ihm geschaffenen Welt transzendent, und der Prophet setzt keinen Fuß in das Gelobte Land. Der Stalinismus überwindet dieses bilderstürmerische Pathos als zu einseitig und schafft eine neue Ikone mit den realistischen Mitteln der weltlichen Malerei seiner Zeit: Der Sozialistische Realismus hat die Stilisierung zur historischen Ikone oder zur antiken Klassik nicht nötig, denn er geht davon aus, daß sich die Heilsgeschichte hier, unter uns vollzieht, daß Götter und Demiurgen – Stalin und seine »eiserne Stalinsche Garde« – stündlich, in der Realität, im Alltag ihre weltverändernden Wunder tun.

Daher ist das »Realistische« des Sozialistischen Realismus so trügerisch und erweist sich nur als ein Mittel, auf das zeitgemäße, die Neuheit und Aktualität der demiurgischen Praxis zu verweisen, einer Praxis, die die Welt verändert, ohne daß das unmittelbar sichtbar wäre, wenn auch die Transformationen eine visuelle Symbolisierung erfahren. In dieser Hinsicht befreit der Stalinismus, ebenso wie seinerzeit das Christentum, den Bewohner der Utopie vom blinden Befolgen von Gesetzen, die ihm ein unsichtbarer Schöpfer und Gesetzgeber – etwa Malewitsch, Rodschenko oder Chlebnikow – gegeben hat, er lenkt ihn nämlich über die unmittelbare Liebe zum Schöpfer seiner Person und seiner Welt – zu Stalin. Der damit vollzogene radikale Austritt aus dem Raum der Geschichte eröffnet die Möglichkeit, diese als Allegorie der Gegenwart zu deklarieren und sie nicht der totalen Ablehnung und dem totalen Vergessen zu überantworten, wie das die Avantgarde gefordert hatte. Die »progressiven« Inhalte der Vergangenheit und die sie begleitenden künstlerischen Stile erweisen sich so als Vorwegnahme der neuen Welt und der Figur Stalins als ihres Schöpfers, als des »positiven Demiurgen«, ebenso wie sich die »reaktionären« sozialen Bewegungen, Figuren und Stile als Vorwegnahme der negativen, dämonischen, zerstörerischen Impulse der Avantgarde erweisen, die in der Stalinzeit in Trotzkij und anderen »Volksfeinden« verkörpert waren. Diese Reinterpretation der Vergangenheit als einer der Illustration der Gegenwart dienenden Versammlung von allegorischen Figuren bedeutet wiederum nicht die Rückkehr zu ihr, sondern die endgültige Überwindung ihres historischen, realen, kontrastiven Werts, den sie für die um Abgrenzung bemühte Avantgarde noch besaß.

Doch wenn die Kultur der Stalinzeit davon ausging, sie allein sei aus der Geschichte herausgetreten, während die Welt rundherum historisch bleibe, noch nicht in die reine Mythologie eingegangen sei, so stieß sie gerade hierin an ihre Grenze: Die historischen Kräfte lösten sie ab, denn im Unterschied zum Christentum war es der Stalinschen Kultur nicht gelungen, sich im Überhistorischen zu etablieren; und wenn das Außerhistorische mit dem Historischen in einen historischen Wettkampf tritt, so ist seine Niederlage vorgezeichnet, es kämpft auf fremdem Territorium. Die zeitgenössische russische postutopische Kunst veranschaulicht und bestätigt diese Niederlage in der Lehre, die sie daraus zog. In der Remythologisierung und Ästhetisierung überwindet sie die Stalinzeit endgültig. Der moralisch-politischen

Polemik und ihren demythologisierenden Bestrebungen gelingt das nicht, für sie bleibt die Stalinzeit noch lebendig, virulent, sie teilt mit ihr den – ungenügend reflektierten – utopischen Impuls, da sie von einer Rückkehr in die Geschichte ausgeht. Der ganze Sinn der postutopischen künstlerischen Praxis aber besteht gerade darin zu zeigen, daß die Geschichte nichts anderes ist als die Geschichte der Versuche, aus ihr herauszutreten, daß die Utopie der Geschichte immanent ist und in ihr nicht überwunden werden kann, daß der Versuch, die Geschichte mit der »Postmoderne« zu beschließen, sie auch nur fortführt, genauso wie der umgekehrte Versuch, den unendlichen historischen Fortschritt zu beweisen. Die postutopische Kunst ordnet den Stalinmythos in die Weltmythologie ein und zeigt seine Familienähnlichkeit mit vermeintlich konträren Mythen: Hinter dem Historischen entdeckt diese Kunst nicht nur den einen Mythos, sondern eine ganze Mythologie, eine heidnische Polymorphie, das heißt sie entdeckt das Unhistorische der Geschichte selbst.

Wenn die Künstler und Schriftsteller der Stalinzeit als Ikonenmaler und Hagiographen auftraten, so sind die neuen Literaten und bildenden Künstler frivole Mytho*graphen,* Chronisten des utopischen Mythos, jedoch gewiß nicht Mytho*logen,* das heißt nicht kritische Kommentatoren, die »seinen realen Inhalt aufdecken« wollen, ihn wissenschaftlich demythologisieren, das Publikum über ihn »aufklären«: Ein solches Projekt wäre schon an sich utopisch und mythologisch. Das postutopische Bewußtsein überwindet so die gewohnte Opposition zwischen Glauben und Unglauben, Identifikation mit dem Mythos und dessen Kritik. In der heutigen Zeit müssen die sich selbst überlassenen Künstler und Schriftsteller den Text und den Kontext zugleich schaffen, den Mythos und seine Kritik, die Utopie und ihre Niederlage, die Geschichte und den Austritt aus ihr, das künstlerische Objekt und den Kommentar dazu – der Tod des Totalitarismus hat uns alle zu kleinen Diktatoren gemacht, wie von Graf Keyserling vorhergesehen, der sagte, ihn schrecken Stalin und Hitler nicht, denn mit der Zeit werden alle Europäer jene Rechte haben, über die vorläufig nur diese beiden verfügen. Selbstverständlich verwandelten sich diese Rechte nach ihrer allgemeinen Verbreitung zu Verpflichtungen: Der Verlust der Totalität erlaubt es nur für eine gewisse Zeit, indirekt, auf dem Wege der

»Differenz«, der negativen Utopie auf sie hinzuweisen – schließlich muß sie doch jeder privat wiederherstellen, worauf auch Kabakow anspielt, wenn er die Heilsgeschichte der Avantgarde samt ihrer Niederlage jedesmal neu inszeniert.

Da der Mythos von Stalin als dem Demiurgen des neuen Lebens im Zentrum der Kultur der Stalinzeit steht und da er seine Quelle im Mythos der Avantgarde hat, sollten wir zum Schluß noch allgemein vom Mythos sprechen und den Begriff »Mythos« als solchen präzisieren. Üblicherweise geht man davon aus, der Mythos sei mit der Avantgarde nicht zu vereinen oder, genauer, die Avantgarde bekämpfe den Mythos und daher könne die Kultur der Stalinzeit, die den Mythos wiedererrichtet habe, nicht Erbe der Avantgarde sein. Zur Präzisierung des Mythos-Begriffs ist es sinnvoll, auf Roland Barthes' Studie *Mythen des Alltags* zurückzugreifen, die eine systematische Untersuchung der zeitgenössischen Mythen begründet hat und zugleich selbst als mythologisch verstanden werden kann.

Für Barthes ist der Mythos die »entpolitisierte Aussage, die Geschichte in Natur verkehrt oder ›Anti-Natur‹ in ›Pseudo-Natur‹«.[95] Anders gesagt: Der Mythos beschreibt das Bestehende als ewig, als »natürlich«, er richtet es an der Aufrechterhaltung des Status quo aus und verdeckt die historische »Gemachtheit« und damit auch die Veränderbarkeit der Welt. Daher ist der Mythos für Barthes immer rechts, immer auf der Seite der Bourgeoisie. Der Mythos ist die »gestohlene Sprache«, gestohlen bei der Arbeiterklasse, die unmittelbar Dinge produziert, und angeeignet von der Bourgeoisie (hier drängt sich der Vergleich mit Proudhons »Eigentum ist Diebstahl« auf).

Der Gegenbegriff zum Mythos ist die Revolution, die die Sprache gewissermaßen wieder in ihre eigentliche Funktion, die des »Herstellens« von Dingen und einer ganzen neuen Welt, einsetzt. Wie Barthes schreibt, ist »die einzige Sprache, die nicht mythisch ist, die Sprache des arbeitenden Menschen: überall, wo der Mensch spricht, um die Realität zu verändern, und nicht, um sie als Bild zu erhalten ... ist der Mythos unmöglich«. Darum ist die Revolution, die ein »Machen der Welt« ist, »antimythologisch«: »Die Revolution deklariert sich offen als Revolution und vernichtet so den Mythos.«[96] Die Alternative zur Sprache des Mythos ist also die politische Sprache, die an historischer Wirkung orientiert ist: Die Opposition gegen den Mythos erweist sich als links. Obwohl Barthes auch die Existenz »linker« Mythen einräumt, wobei er als Beispiel eben den Stalinschen Mythos wählt, mißt er ihm keine besondere Bedeutung bei, da er glaubt, linke Mythen würden nur in Analogie zu und zum Kampf gegen rechte Mythen erdacht, worin nichts Schlechtes liege, da die Künstlichkeit und Primitivität der linken Mythen sie relativ ungefährlich mache.[97] Als nicht-mythisch sieht Barthes auch die Poesie der Avantgarde an, da sie »mit Sprache arbeitet« und diese nicht nur zum Überbringen eines bildlichen Inhalts nutzt.

Auf der Ebene der verfeinerten Strukturanalyse reproduziert Barthes teilweise selbst Strukturen der Kultur der Stalinzeit: Die Mythen werden in rechte und linke, fremde und eigene eingeteilt und entsprechend bewertet. Seine Sympathie gehört jedoch ganz offensichtlich eher der Ästhetik und der Praxis der Avantgarde mit ihrer Orientierung an der direkten Veränderung der Welt, die linken Mythen nimmt er als vorübergehendes, unvermeidliches Übel hin. Dabei trifft jedoch Barthes' Unterscheidung von Mythen einerseits und Taten, die zu Transformationen der Welt führen, andererseits schon darum auf Erstaunen, daß sie dem offensichtlichen Faktum widerspricht, daß alle uns bekannten, großen Mythen von der Erschaffung der Welt und ihren Transformationen berichten: Die unbewegliche, unveränderliche, unhistorische Welt ist kein Stoff für den Mythos. Barthes' sonderbarer Gedankengang wird verständlicher, wenn man sich vor Augen führt, daß für ihn der Mythos dasselbe ist wie die zur Beschreibung der »Objektsprache« dienende Metasprache, das heißt der Mythos ist für ihn etwas Theoretisches. Tatsächlich jedoch ist der Mythos, wenn er überhaupt mit Theorie zu tun hat, nur als Bericht über ihre Entstehung denkbar; ein solcher Bericht hat im Verhältnis zur Theorie legitimierende Funktion und reiht sich besonders zu unserer Zeit, wo eine neue Beschreibung der Welt praktisch mit ihrer Neuschaffung identisch ist, seinerseits in die traditionelle Mythologie ein.

Wenn der Mythos allerdings entgegen Barthes' Annahme mit der Erschaffung und der Transformation der Welt zu tun hat, dann sind gerade die Avantgarde und die linke Politik zu allererst mythologisch, denn sie weisen dem Künstler, dem Proletariat, der Partei oder dem politischen Führer die Rolle des Demiurgen zu, integrieren sie ganz natürlich in die mythologische Tradition. Das gibt inzwischen auch ein Teil der westlichen marxistischen Kritik zu, die zwischen dem marxistischen Narrativ und der christlichen Heilsgeschichte und auch alten magischen Praktiken Parallelen zu erkennen bereit ist.[98] Für den Marxismus bedeutet die Einbettung des Menschen in ein mythologisches Gesamtnarrativ über die Schaffung der gegenständlichen Welt in der Arbeit, daß der Mensch über die Grenzen seiner irdischen Determinierung hinausgehen und durch die Veränderung seiner Lebensbedingungen sich selbst verändern, ein »neuer Mensch« werden kann. Der Marxismus erscheint antimythologisch, wenn er auf dem »diesseitigen« sozialen Kontext der menschlichen Existenz beharrt. Doch schon die Möglichkeit einer solchen Beschreibung, eines solchen Kontexts, die den Blick »vom Jenseits«, von »außerhalb der Welt« voraussetzt, und darüber hinaus die Möglichkeit, aufgrund dieser Beschreibung mit einer Revolution den einen Kontext durch einen anderen zu ersetzen, wie es die marxistische Analyse verlangt, stellen den revolutionären Marxismus – und in anderer Hinsicht auch die Kunst der Avantgarde – in einen mythologischen Kontext. Und selbst wenn man, wie das jetzt viele tun, auch das Prinzip der Tat als bürgerlich und mythologisch ablehnt und den sozialen, sprachlichen und sonstigen Kontext für unendlich und nicht transformierbar erklärt, entkommt man dem Mythos nicht; es bleibt ja der Verweis auf die Welt im ganzen erhalten und auch die Möglichkeit, sich mit seiner Praxis auf sie zu beziehen, einer Praxis, die allerdings nicht »konstruktiv« ist wie die der Avantgarde, sondern »dekonstruktiv«, die jede schöpferische Absicht relativiert, was wiederum eine neue, postmoderne Utopie ist, ein erneuter Versuch, aus der Geschichte ins außerhistorische Spiel der Codes hinüberzuwechseln.

Mit all dem soll natürlich nicht gesagt sein, der Mythos stehe in Wirklichkeit ausschließlich links und nicht rechts: Wittgenstein hat gezeigt, daß die im Grunde »rechte« Forderung, »metaphysische Fragen« abzulehnen, zu einer Art Mythologisierung des Alltäglichen als des puren Handlungsbereichs führt (im Gegensatz zu Barthes, der sich offensichtlich auf Wittgenstein bezieht, ist für Wittgenstein gerade die Objektsprache und nicht die Sprache der Beschreibung mythologisch). So zeigt sich, daß es keine Rettung vor dem Mythos gibt, am allerwenigsten in der Avantgarde, in der Revolution, in der Umgestaltung der Welt. Dieser Umstand scheint keine unmittelbare Beziehung zur Frage nach der Kultur der Stalinzeit zu haben; doch diese Kultur, mit ihrer offenen Bereitschaft, unter den Bedingungen des äußeren Bruchs mit der mythologischen Tradition, was den gewohnten und oberflächlichen Vorwurf des Reaktionären ausschloß, eine neue Mythologie zu verkünden, gab zumindest denen, die in ihr gelebt haben, die Möglichkeit, sich neu zum Mythos als solchem zu verhalten. Besonders in einer Situation, wo sich der Kontext entschiedener änderte als der Text und die Weltgeschichte sich als ganz neu erzählt erwies, war für den sowjetischen Menschen – den Schriftsteller oder Künstler – der naive Glaube an die Geschichte der eigenen Befreiung als einer realen Erfahrung und nicht eines mythischen Rituals schon nicht mehr möglich.

Von Stalin kann man sich nicht befreien, ohne ihn zumindest ästhetisch zu wiederholen, und so begreift die neue russische Kunst Stalin als ästhetisches Phänomen, um ihn zu kopieren und auf diese Weise loszuwerden. Diese Kunst schafft beides, den Text und den Kontext, sie konstruiert und dekonstruiert, sie entwirft eine Utopie und verwandelt sie zugleich in eine Anti-Utopie und will sich damit selbst in die mythologische Familie einreihen, was ihr erlaubt, demselben Stalin frei von Ressentiments, doch mit dem Gefühl der Überlegenheit zu begegnen: jede Familie hat ihr Schwarzes Schaf.

In diesem frivolen und respektlosen Spiel offenbart sich zugleich ein kolossales Potential an Wünschen und Unbewußtem, das die russische Avantgarde in sich trug, das bisher jedoch nicht deutlich genug gesehen wurde, da es in ihrer rationalistischen, geometrischen, ingenieurhaften, konstruktiven Form chiffriert war. Die Maschinen der russischen Avantgarde waren jedoch in Wirklichkeit Maschinen des Unbewußten, magische Maschinen, Wunschmaschinen: Sie sollten das Unbewußte des Künstlers und des Betrachters bearbeiten, um ihn durch die Vereinigung mit dem kosmischen Ganzen zu harmonisieren und zu retten, doch diese ihre eigentliche Bestimmung begann erst in der Stalinzeit, und auch da nur zum Teil, an die Oberfläche zu gelangen. Der Terminus »Wunschmaschine« stammt von Deleuze und Guattari und wird bei ihnen in unmittelbarer Nachfolge von Wittgenstein und Barthes so definiert: »Das Unterbewußtsein problematisiert nicht die Bedeutung, sondern nur die Nutzung. Die Frage, die der Wunsch stellt, lautet nicht: ›Was bedeutet das?‹, sondern: ›Wie funktioniert das?‹ Die gewaltige Macht der Sprache wurde erst entdeckt, als die *Arbeit* als Maschine verstanden war, die gewisse Effekte hervorbringt, die für eine gewisse Nutzung eingerichtet ist.«[99]

Deleuze und Guattari nehmen selbstverständlich an, sich auf diese Weise ein für allemal von jedem »Subjekt«, jedem Bewußtsein, jeder Mythologie befreit zu haben, tatsächlich aber geben sie nur wieder den »Ingenieuren der menschlichen Seele« den Weg frei, den Designern des Unbewußten und den Technokraten des Wunsches, den Sozial-Magiern und -Alchimisten, als die sich die Avantgarde gerne gesehen hätte und wie es Stalin wirklich geworden war. Der Glaube an den Vorrang des Kontexts vor dem Text, des Unbewußten vor dem Bewußtsein, des »Anderen« vor dem Subjektiven, vor dem individuellen Menschen – bedeutet nur die Herrschaft dessen, der über diesen Kontext, das Unbewußte, das Andere spricht oder, genauer, dessen, der es faktisch bearbeitet. Doch wenn es dieser Arbeit gelingt, ein künstliches Unbewußtes zu schaffen, einen künstlichen Kontext, neue, unbekannte Wunschmaschinen, die z.B. »sowjetische Menschen« heißen, so erweist sich plötzlich, daß diese ein Leben führen können, Texte schaffen können, die sich in nichts von den »natürlichen« unterscheiden, so daß sie den Unterschied zwischen natürlich und künstlich und die ganze auf ihn verwendete Mühe irrelevant machen. Und diese erstaunlichen Wesen mit dem künstlichen Unbewußten und dem natürlichen Bewußtsein erweisen sich darüber hinaus als fähig, ästhetischen Genuß aus dem Anblick ihres eigenen Unbewußten als eines fremden Kunstwerks zu ziehen, womit sie die avantgardistische, unikale und schreckliche Tat – das Werk der Stalinschen Kunst – zum Gegenstand der frivolen Zerstreuung in den abgeschmacktesten, kleinbürgerlichen Traditionen machen.

131

Anmerkungen

1 René Descartes, *Discours de la méthode,* Paris 1966, S. 43–46.

2 Zur Geschichte der Soz-Art: *Sots-Art,* Katalog einer Ausstellung, The New Museum of Contemporary Art, New York 1986.

3 K. Malevich, *On the New Systems in Art,* in: K. Malevich, *Essays on Art,* Kopenhagen 1968, Vol. 1, S. 85.

4 K. Malewitsch, *Wwedenije w teoriju pribawotschnogo elementa w zhiwopisi* (Einführung in die Theorie des additionalen Elements in der Malerei), in: K. Malewitsch, *Die gegenstandslose Welt,* Mainz und Berlin 1980, S. 27–30.

5 Zit. nach: Karsten Harries, *Das befreite Nichts,* in: *Durchblicke. Martin Heidegger zum 80. Geburtstag,* Frankfurt am Main 1970, S. 46. Zur Bedeutung des Weißen bei Malewitsch ebd. S. 44.

6 K. Malevich, *The Question of Imitative Art,* in: *Essays on Art,* Vol. 1, S. 174.

7 K. Malevich, *God is not cast down,* in: *Essays on Art,* a.a.O., Vol. 1, S. 188.

8 Ebd., S. 194.

9 K. Malewitsch, *Die gegenstandslose Welt* (Originaltext), a.a.O., S. 7.

10 Ebd., S. 12.

11 W. Chlebnikow, *Zakon pokolenij* (Gesetz der Generationen), in: Welimir Chlebnikow, *Tworenija,* Moskwa 1986, S. 642–652.

12 W. Chlebnikow, *Nascha osnowa* (Unsere Grundlagen), in: *Tworenija,* a.a.O., S. 627–628.

13 Vgl. *Detstwo i junost' Kazimira Malewitscha. Glawy iz awtobiografii chudozhnika* (Kindheit und Jugend von Kasimir Malewitsch. Einige Kapitel aus der Autobiographie des Künstlers), in: *K istorii russkogo awangarda,* Stockholm 1976.

14 Wl. S. Solowjew, *Obschtschij smysl iskusstwa* (Allgemeine Bedeutung der Kunst), in: Wl. Solowjew, *Sobranije sotschinenij* (Reprint), Brüssel 1966, Bd. 6, S. 85.

15 B. Arwatow, *Retschetwortschestwo. Po powodu »zaumnoj« poezii* (Sprachschöpfung. Über die »Zaum«-Dichtung), in *LEF,* N. 2, Moskwa-Petrograd 1923, S. 79–91.

16 Zur Geschichte des russischen Konstruktivismus siehe Chr. Lodder, *Russian Constructivism,* New Haven–London 1983.

17 Texte zur Polemik in: Hubertus Gaßner/Eckhart Gillen, *Zwischen Revolutionskunst und Sozialistischem Realismus,* Köln 1979, S. 52–56.

18 Zit. nach: Chr. Lodder, *op. cit.,* S. 98–99.

19 Boris Arvatov, *Kunst und Produktion,* München 1972, S. 18.

20 Ebd., S. 42.

21 Ebd., S. 9.

22 N. F. Tschuzhak, *Pod znakom zhiznestrojenija* (Unter dem Zeichen des Leben(s)erbauens), in: *LEF,* N. 1, Moskwa-Petrograd 1923, S. 12–39. Zur Geschichte des Begriffes »Leben(s)erbauen« siehe Hans Günther, *Zhiznestrojenije,* in: *Russian Literature,* XX (1986), N. Holland, S. 41–48

23 N. F. Tschuzhak, *op. cit.,* S. 36.

24 Wl. S. Solowjew, *op. cit.,* S. 84. Vgl. auch Wjatsch. Iwanow, *Dwe stichii w sowremennom simwolizme* (Zwei Urkräfte im modernen Symbolismus), in: Wjatsch. Iwanow, *Sobranie sotschinenij,* Brüssel 1979, Bd. 2, S. 536–561.

25 H. Gaßner/E. Gillen, *op. cit.,* S. 286.

26 N. F. Tschuzhak, *op. cit.,* S. 39.

27 K. Malevich, *God is not cast down,* in: *Essays on Art,* a.a.O., Vol. 1, S. 205.

28 Wl. I. Lenin, *Partijnaja organizatsija i partijnaja literatura,* (Parteiorganisation und Parteiliteratur), in: *Wl. I. Lenin ob iskusstwe i literature,* Moskwa 1957, S. 43.

29 Zur Geschichte der Entstehung des Begriffs »Sozialistischer Realismus« siehe Hans Günther, *Die Verstaatlichung der Literatur,* Stuttgart 1984, S. 1–10, sowie *Sozialistische Realismuskonzeptionen. Dokumente zum 1. Allunionskongreß der Sowjetschriftsteller,* hg. von H.-J. Schmitt und G. Schramm, Frankfurt am Main 1974.

30 S. Tretjakow, *Otkuda i kuda. Perspektiwy futurizma* (Woher und wohin. Perspektiven des Futurismus), in: *LEF,* N. 1, Moskwa-Petrograd 1923, S. 195.

31 Wl. I. Lenin, *O »Proletkulte« i proletarskoj kulture* (Über den »Proletkult« und die proletarische Kultur), in: *Wl. I. Lenin ob iskusstwe i literature,* S. 394–395.

32 Aleksandr Bogdanov, *The Proletarian and the Art,* in: *The Documents of 20th Century Art,* ed. by John Bowlt, New York 1976, S. 103.

33 H. Günther, *op. cit.,* S. 144–169.

34 In der Gruppe waren u.a. M. Larionow, N. Gontscharowa, I. Zdanewitsch. Vgl. B. Lifschitz, *Polutoroglasyj strelets* (Der einundeinhalbäugige Schütze), Izd. imeni Tschechowa, New York 1978, S. 53–54.

35 Zit. nach dem redaktionellen Artikel *Ulutschit' rabotu twortscheskich sojuzow* (Die Arbeit der schöpferischen Verbände verbessern), in: *Iskusstwo,* N. 6, Moskwa-Leningrad 1948, S. 6.

36 G. Winokur, *Rewolutsionnaja frazeologija* (Revolutionäre Phraseologie), in: *LEF,* N. 2, Moskwa-Petrograd 1923, S. 109.

37 Ebd., S. 110.

38 G. Winokur, *Futuristy – stroiteli jasyka* (Futuristen – Erbauer der Sprache), in: *LEF,* N. 1, Moskwa-Petrograd 1923, S. 204–213.

39 Wl. I. Lenin, *Krititscheskije zametki po natsionalnomu woprosu* (Kritische Bemerkungen zur Frage der Nationalität), in: *Wl. I. Lenin ob iskusstwe i literature,* S. 95.

40 Zit. nach: *Kunst und Literatur,* N. 1, 1953, Gesellschaft für deutsch-sowjetische Freundschaft, Berlin (Ost), S. 28.

41 Ebd., S. 28.

42 Ebd., S. 39.

43 Ebd., S. 31.

44 Ebd., S. 29.

45 N. Dmitrijewa, *Das Problem des Typischen in der bildenden Kunst,* in: *Kunst und Literatur,* N. 1, 1953, S. 100.

46 B. W. Ioganson, *O merach ulutschschenija utschebno-metoditscheskoj raboty w utschebnych zawedenijach Akademii chudozhestw SSSR* (Über die Maßnahmen zur Verbesserung der Studien- und methodischen Arbeit in den Studienanstalten der Akademie der schönen Künste der UdSSR), in: *Sessii Akademii chudozhestw SSSR. Perwaja i wtoraja sessii*, Izd. Akademii chudozhestw SSSR, Moskwa 1949, S. 102–103.

47 N. Dmitrijewa, *op. cit.*, S. 101.

48 Schlußwort des Präsidenten der Akademie der schönen Künste der UdSSR, A. M. Gerasimow, in: *Sessii Akademii iskusstw SSSR*, S. 270.

49 Ja. Tugendchold, *Iskusstwo oktjabr'skoj epochi* (Kunst der Oktoberzeit), Leningrad 1930, S. 24.

50 Ebd., S. 24.

51 Über die Funktion des Willens und der Leidenschaft in der stalinistischen Ästhetik vgl. Igor Smirnov, *Scriptum sub specie sovietica*, in: *Russian Language Journal*, Winter-Spring 1987, Vol. XLI, N. 138–139, S. 115–138, sowie das Kapitel *Mechanismus-Mensch*, in: Wl. Paperny, *Kultura 2*, Ann-Arbor 1985, S. 119–170.

52 Der Held des Romans *Wie der Stahl gehärtet wurde* von N. Ostrowskij.

53 Der Held des Romans *Erzählung über den wirklichen Menschen* von B. Polewoj.

54 S. Tretjakow, *op. cit.*, S. 13.

55 Zit. nach: B. Lifschitz, *op. cit.*, S. 75.

56 Katerina Clark, *The Soviet Novel: History as Ritual*, Chicago–London 1981.

57 Gisela Erbslöh, *Pobeda nad solntsem* (Sieg über die Sonne), mit einem Nachdruck der Originalausgabe in: *Slawistische Beiträge*, Bd. 99, München 1976.

58 Über die sakrale Dimension der Poetik Chlebnikows siehe Aage Hansen-Löve, *Velimir Chlebnikovs Onomapoetik. Name und Anagramm*, Manuskript.

59 Ja. Tugendchold, *op. cit.*, S. 31.

60 Sammlung der Texte über den Stil Lenins in: *LEF*, N. 1 (5), Moskwa-Leningrad 1924, S. 53–140.

61 Vgl. K. Clark, *op. cit.*, S. 141–145, sowie A. Sinjawskij, *Stalin – geroj i chudozhnik stalinskoj epochi* (Stalin – der Held und der Künster der Stalinzeit), in: *Sintaxis*, N. 19, Paris 1987, S. 106–125.

62 L. Rejngardt, *Po tu storonu zdrawogo smysla. Formalism na sluzhbe reaktsii* (Jenseits des gesunden Menschenverstandes. Formalismus im Dienst der Reaktion), in: *Iskusstwo*, N. 5, Moskwa-Leningrad 1949, S. 77–78.

63 Vgl. z.B. Martha Rosler, *Lookers, Buyers, Dealers, and Makers: Thoughts on Audience*, in: Brian Wallis (ed.), *Art after Modernism: Rethinking Representation*, The New Museum of Contemporary Art, New York 1984, S. 311–340.

64 N. Dmitrijewa, *Estetitscheskaja kategorija prekrasnogo* (Ästhetische Kategorie des Schönen), in: *Iskusstwo*, N. 1, 1952, Moskwa-Leningrad, S. 78.

65 Vgl. B. Groys, *Der Paradigmawechsel in der sowjetischen inoffiziellen Kultur,* in: D. Beyrau/W. Eichwede (Hg.), *Auf der Suche nach Autonomie,* Bremen 1987, S. 53–64.

66 B. Lifschitz, *op. cit.,* S. 149.

67 Vgl. z.B. vehement »antiwestliche« Briefe Rodschenkos aus Paris in: *Rodschenko w Parizhe,* in: *Nowyj LEF,* N. 2, Moskwa 1927, S. 9–21.

68 Abbildungen der Arbeiten Erik Bulatows u.a. im Katalog *Erik Bulatow,* Kunsthalle Zürich, Zürich 1988. Vgl. auch Interview von Erik Bulatow mit B. Groys, in: *A-Ya,* N. 1, Paris 1979, S. 26–33.

69 Fr. Nietzsche, *Werke,* München 1967, Bd. 2, S. 732.

70 Zit. nach Gaßner/Gillen, *op. cit.,* S. 73.

71 E. Bulatow, *Ob otnoschenii Malewitscha k prostranstwu* (Über das Verhältnis von Malewitsch zum Raum) in: *A-Ya,* N. 5, Paris 1983, S. 26–31.

72 B. Groys, *Kartina kak tekst: »ideologitscheskoje iskusstwo« Bulatowa i Kabakowa* (Bild als Text: »ideologische Kunst« von Bulatow und Kabakow), in: *Wiener slawistischer Almanach,* Wien 1986, Bd. 17, S. 329–336.

73 B. Groys, *Albomy Ilji Kabakowa,* in: *A-Ya,* N. 2, Paris 1980, S. 17–22. Abbildungen und allgemeine Charakteristik im Katalog *Ilya Kabakov – »Am Rande«,* Kunsthalle Bern, Bern 1985.

74 Ilja Kabakow, *Semidesjatyje gody* (Siebziger Jahre), Manuskript.

75 J. Derrida, *Marges de la philosophie,* Paris 1972, S. 19.

76 Vgl. den Titel der Kabakow-Ausstellung in Bern: »*Am Rande*«.

77 J. Derrida, *La vérité en peinture,* Paris 1973, S. 63–64.

78 Zur Funktion des Weißen bei Kabakow siehe *A-Ya,* N. 6, Paris 1984, S. 30–31.

79 Abbildungen und Informationen u.a. in: *Komar & Melamid, Two Soviet Dissident Artists,* ed. by Melvyn B. Nathanson, Southern Illinois Univ. Press 1979, sowie *Komar & Melamid,* Katalog, Museum of Modern Art Oxford, Oxford 1985.

80 W. Komar, A. Melamid, *A. Zjablow. Etjud k monografii* (A. Zjablow. Studie zur Monographie), in: *Russica – 1981,* New York 1982, S. 403–408.

81 Siehe z.B. die Arbeit von Komar & Melamid »*Yalta 1945 – Winter in Moskau 1977*« im Katalog der Documenta 8, Kassel 1987, Bd. 2, S. 132–133.

82 Interview mit Komar & Melamid von Noemi Smolik, in: *Wolkenkratzer,* N. 6, 1987, Frankfurt am Main, S. 48–53.

83 Siehe z.B. Publikation von und über Prigow, in: *Literaturnoje A-Ya,* Paris 1985, S. 84–94.

84 Hier und weiter zit. nach: *Neue russische Literatur,* hg. und übers. von Günther Hirt und Sascha Wonders, in: *Schreibheft,* N. 29, Essen 1987, S. 163–206.

85 Siehe u.a. Jouri Mamleïev, *Chatouny,* Paris 1986, und zwei Erzählungen in: *Akzente,* Heft 3, 1988, München, S. 244–259.

86 W. Sorokin, *Otkrytije sezona* (Eröffnung der Jagdsaison), in: *Literaturnoje A-Ya,* Paris 1985, S. 60–62.

87 W. Sorokin, *Projezdom* (Unterwegs), in: *Literaturnoje A-Ya,* S. 65–67.

88 M. Bachtin, *Twortschestwo Fransua Rable* (Das Werk von François Rabelais), Moskwa 1965, S. 159–161.

89 W. Sorokin, *Norma,* Manuskript.
90 M. Bachtin, *Problemy poetiki Dostojewskogo* (Probleme der Poetik Dostojewskijs), Moskwa 1963, S. 187–189.
91 Sascha Sokolow, *Palisandrija,* Ann-Arbor 1985. Über das Buch: Olga Matitsch, *Palisandrija: dissidentskij mif i ego razwentschanije* (Dissidentenmythos und seine Demythologisierung), in: *Sintaxis,* N. 15, Paris 1986, S. 86–102. Siehe auch J. S., *Nepoznawaemyj subjekt* (Unbegreifliches Subjekt) und A. K. Zholkovsky *Wlubljennoblednyje narzissy o wremeni i o sebe* (Verliebt-bleiche Narzissen über die Zeit und sich selbst), in: *Beseda,* N. 6, Paris 1987, S. 127–143 und S. 144–177.
92 B. Groys, *Im Banne der Supermächte: Die Künstler in Moskau und New-York,* in: *Durch,* N. 2, Grazer Kunstverein, Graz 1987, S. 55–63.
93 J. Derrida, *D'un ton apocalyptique adopté naguère en philosophie,* Paris 1983, S. 84–85.
94 *Eric Bulatov and Ilya Kabakov in Conversation with Claudia Jolles and Victor Misiano,* in: *Flash Art,* N. 17, 1987, S. 82–83.
95 Roland Barthes, *Mythologies,* New York 1987, S. 142.
96 Ebd., S. 146.
97 Ebd., S. 147.
98 Fredric Jameson, *The Political Unconscious,* Ithaca 1981, S. 285.
99 Gilles Deleuze/Felix Guattari, *The »Anti-Oedipus«,* New York 1977, S. 109.